結婚できないのは
ママのせい？

媽媽的解僱通知

五百田達成
櫻場江利子・合著
嚴可婷・譯

「前言」——為什麼各方面都不順利？問題可能就出在母女關係上

為什麼會為母女關係所苦？

我瞭解妳會擔心，也明白妳會妥協。

妳很重視自己的母親，如果她發生了什麼事，當然會感到憂慮。

然而，為什麼妳會在意母親到煩躁不安的程度呢？

母親不僅是家人，也是我們人生的前輩，雖然想維持良好關係，可是一旦交談就會讓人忍不住生氣，覺得受傷或感到沮喪。

母親所說的一句話，或臉上的一個表情，都令人感到挫折；有時候更因為彼此的交談與回應而扭曲了母女的關係，在心中留下不愉快的陰影……。

像這樣，在「母與女」的密切關係中，深感苦惱的女性其實不少。而且在我們的印象當中，最近像這樣的女性似乎有增加的趨勢。

然而即使因為與媽媽的關係陷入僵局而煩惱，她們也沒有可以談論這方面問題的對象。就算想找朋友聊，但關於媽媽的煩惱比戀愛問題牽涉到更多的隱私，通常都會感到猶豫、卻步，而難以啟齒。

就算跟他人討論，對方也可能會回答「會吵架表示感情其實很好吧？」「要好好珍惜媽媽呀！」這類的話，讓人無法再繼續交談下去。

我們的工作是提供女性各類的諮商，在談到戀愛或工作方面的煩惱時，很自然的都會將話題轉移到與母親的關係上。

這些人的煩惱有——溝通方面的問題、對自己缺乏自信，以及一直重覆同樣的失敗、選擇情人遇到難題、婚姻生活的困擾等，這些問題追根究柢都與「母女關係」有關。

為什麼「母女關係」會變得這麼敏感，讓人感到痛苦呢？

「母親的魔咒」如何控制女兒

「妳這樣下去怎麼辦？真的沒問題嗎？」

「妳那個男朋友，說實在真的有點……」

「那對妳太勉強了。」

「要好好記住。總之，聽媽媽的話就對了！」

「妳會一直陪在媽媽身邊吧？」

媽媽的話重重地懸在心底，有時混雜著嘆息，有時令人感到煩躁，在內心引發激烈的衝突。

「媽媽根本什麼都不懂！」即使試著反抗，但她說的話已經足以能夠讓妳感到困惑了。

「我真的沒問題嗎？這樣做真的好嗎？我有沒有做錯呢？……」

媽媽的話就像魔法般籠罩著女兒，並持續發揮她的影響力。而女兒也受到這些話的束縛，對自己的選擇失去信心，無法再往前踏出一步。

像這樣，母親的話對女兒而言，可說是一種「魔咒」。

當然，那不是什麼真的具有魔法的咒語，而且做母親的並不是為了讓女兒感到痛苦才說出這些「話語」。

身為母親，為了讓自己的寶貝女兒能夠獲得幸福、不要受到傷害，所以才掏心挖肺說出「只告訴親人的建議」。

「為什麼妳會……」

「媽媽為什麼要……」

母女之間之所以會像這樣發生衝突，原因就在於彼此的「價值觀」不同。

以一個民族或國家來說，都會有「某件事應該這樣」的價值觀，而且人民會有集體依循、遵照這樣的價值觀來做判斷的傾向。

這也不盡然都是壞事。不過遺憾的是，「某件事應該這樣」的想法往往不單是跨越各世代、具有共通性的觀念，往往也會隨著時代變遷而產生變化。

目前三十幾歲女性的一般價值觀，跟她們母親年輕時的價值觀有很大的差別。

上一輩理所當然認為的「女性應該如何如何」，和目前三十幾歲的一代對自己的期許，往往互不相容。

當然，如果意識到「女兒是女兒」、「媽媽是媽媽」，而相互尊重彼此的價值觀的話，就能皆大歡喜。事實上也的確有些家庭是如此。

不過，要是雙方都堅持己見，「不願意改變想法，不打算讓步，而且無論如何都希望對方能瞭解自己」的話，就一定會發生激烈的衝突。

當價值觀起衝突時

本來，母親的影響力對子女來說確實相當大。一個人的價值觀剛開始也可說是透過母親而形塑與建立的。

然而理所當然的是，孩子會成長、孩子會改變，每個人在青春期的時候自我都會漸漸成形，而母親所賦予的價值觀，就會漸漸變得多餘。

在所謂的反抗期時，如果子女跟父母發生衝突的話，這時就能確立自己的價值觀。在這樣的情形下，待孩子長大後反而親子雙方能彼此當大人對待，相處起來也比較沒有壓力。

可是，如果孩子在青春期只是順從地渡過，依循著母親的價值觀而行，將來可能會有更大的問題產生。

「因為是媽媽說的，所以是對的」

「只要照媽媽的意思就不會有問題」

像媽媽的翻版般長大的孩子，有一天會發現自己的價值觀已經跟時代脫節。當她意識到自己的處境有多麼不自由、不合理，而且從過去到現在錯失了多少美好的事物時，恐怕會感到非常失落。

然而很不巧的是，目前三十幾歲女性跟她們母親那一代的價值觀，往往有很大的落差。

上一代母親大多數在年輕時，不必像現在的女性這樣出社會工作，經濟方面或多或少都獲得其他人的支持。另一方面，女性的生活方式與生涯規劃當然也不像現在這麼多元化。

像這樣的母親如果告訴女兒「妳應該要這樣過」，做女兒的也很難接受吧。就算照單全收，也可能與時代格格不入。

這種母親與女兒的對立，可以說非常普遍。

從以前到現在，為母親的建議而備感困擾的女兒一定很多。

在女性的人生大前提是「必須在一定的年齡前結婚、離家、生孩子」的時代，母女意見不合的時間有限，等到自己生了小孩，對母親也就更能產生同理心。但是到了現代，這樣的時間點卻變得遙遙無期，這正是現代母女問題的特殊之處。

三十幾歲女性的立場

「性別工作平等法」在日本開始實施，大約是距今三十年前的事。或許有些「媽媽」在當時有能力跟男性一樣就業，並持續待在職場上工作，至今依然活躍也說不定。

如果是這樣的母親，應該能理解女兒目前身處的狀態，會以同樣的觀點來討論、理解，並給予建議吧。

可是像這樣的母親畢竟還是少見。雖然相關法律已經開始實施，但當時的女性大多數還是會在結婚或生產後離職，成為全職的家庭主婦。

從那個時候起將近三十年左右的時間，日本提倡男女平等的施政方針幾乎沒有什麼改變。目前三十幾歲女性所面臨的「生活方式」、「工作方式」等課題，實際上在社會制度方面並沒有跟得上時代。

接下來，女性持續工作是必然的趨勢。

想在經濟走下坡的日本社會中生存，就一定要好好努力工作和存錢。

不想被當作眼裡只有工作的怪人，也就必須談戀愛。

這麼一來，就得跟對方結婚了。

如果結婚了，當然還是要生小孩比較好。

即使生完小孩，為了不脫離職場，還是得回去工作。

不論年紀多大，都要維持年輕，散發著耀眼的光芒……。

現代女性面前常常設有高標的跨欄，自己也會持續給自己施加壓力。

然而，比起社會上的作法、潛規則，或一般的常識，「媽媽腦中的想法」其實才是最頑固、最難改變的。

「為什麼工作會那麼辛苦？如果辭職呢？」

「有沒有認識不錯的對象？」

「他還沒開口求婚嗎？沒問題吧？」

「我在妳這個年紀的時候，已經生下妳了。」

「哎，妳一直都是一個人，將來打算怎麼辦？」

被說成這樣，女兒的焦慮可說是被推向了頂點。

甚至忍不住想發作：「我明明這麼努力，到底還要我怎麼樣！」

男性的生活方式跟三十年前沒有什麼不同，但是女性的生活卻變得更複雜了。

不論大家怎麼主張這是「女性的時代」，有各種各樣的選擇，但並不是選擇了其中一項就能解決所有問題。

實際上，戀愛、結婚、生孩子、事業、財富、地位……必須追求的人生目標有增無減。

明明這麼辛苦，但媽媽卻不明白、不理解、不支持。雖然說「女人的敵人是女人」，但在社會上要跟同性競爭，也要跟異性競爭，甚至回到家還得跟媽媽爭辯，這樣一來……？

現在處於三十幾歲的女性，究竟什麼地方才能讓她們稍微放輕鬆呢？

妳對媽媽有什麼樣的期望？

每個人都希望能在家中感到自在，也想跟媽媽保持密切而溫暖的關係，渴望被理解與支持。

然而對於有這樣想法的人，我們提出的質疑是：「妳真的瞭解母親的立場嗎？」

主婦是守護家庭的人，為家中成員的健康與幸福竭盡心力。除了操持家務外，也要支持家中成員，讓他們在學校及職場獲得更高的成就。當然，每個母親都有她自己經營家庭的風格，也有對家庭所抱持的目標與理想。

如果在家庭成員中，有人開始主張不同價值觀的話……。

媽媽說不定會立刻掃除異己、排除不同的想法，並對於跟自己想法不同的家人感到不滿吧。

對於子女而言，母親本應是包容與接受一切的人，也是自己的守護者。在小的時候的確是如此。

當女兒成長，蛻變為成熟的女性，也累積了豐富的社會經驗後，這時的妳可能比當年的媽媽有更多、更豐富的經歷。

當一名成熟的女性面對社會經驗比自己貧乏的對象，產生「竟然不瞭解我，真是太過分」、「拜託請為我想想」的不滿與憤怒，難道不覺得這樣的反應是沒有什麼建設性嗎？

媽媽其實只是一個普通的、不完美的女性，而不是全知全能的女超人。對於女性在社會上求生存所面臨的煩惱，缺乏經驗的母親當然無法提供最佳的解答。

去試著不要對母親過度要求與期待，或許也是讓自己能生活得更為輕鬆的祕訣。

該透露多少自己的事情？

有時候，我也會遇到「跟媽媽感情很好，無話不談」的女性。

家人感情好，是件非常好的事情。不過，當仔細去瞭解他們相處的內容時，有時真的會讓人感到驚訝。

如果是日常生活上的瑣事、交友的狀況、約會時去了哪裡……這些都還好。不過如果連跟情人作愛都向媽媽報告、諮詢，好像就有點過猶不及了。

成熟的大人應該擁有屬於自己的世界。自己的隱私什麼的都跟母親共享，說起來也有點幼稚。

女兒似乎是覺得「在別人的庇護下」很好，所以什麼都要報告，也不覺得有什麼好疑慮的。

究竟什麼話題要說到什麼樣的程度？這當中還牽涉到跟對方的關係。

舉例來說夫妻之間，究竟只要稍微交待「今天會晚點回來」，還是要詳細說明「今天跟誰去吃飯，大約什麼時候回來」？

當然，不只是夫妻、親子、朋友間也一樣，這都與溝通的能力有關。

如果想要跟對方保持良好的關係，就必須好好判斷自己的事情究竟要說到什麼樣的程度，這些都是自己必須要加以掌控的。如果毫無顧忌什麼都說，或相反地該說的事卻沒說，都會造成彼此間的隔閡。

也有人一廂情願地認為媽媽跟女兒因為都是女性的關係，心理上的距離比較接近，所以「就算保持沉默也應該會明白」、「雖然我沒說，也猜得到」，希望彼此能有這樣的理解。

然而，這就是造成互相誤解的原因。

只有母女雙方都能摒除「妳當然應該會懂」、「當然要通通告訴我」這樣的想法，才能擺脫互相依賴與傷害的關係。

找尋自己的棲身之所

根據博報堂生活綜合研究所「生活動力二〇一三」（博報堂是日本第二大廣告公司）的調查，不論已婚未婚，現在父母仍在世，覺得自己還是「孩子」的人大約有八千七百萬人。也就是說全部人口中有一定的比例還是「小孩」。這樣的現象不是「少子化」，而是「總子化」的現象。

這究竟是怎麼一回事呢？

首先，姑且不論父母親實際上是否能夠提供協助（經濟上．心理上），但無法脫離「覺得自己屬於某個地方」、「有人在守護著自己」，以及無法確立「個人」的人似乎增加了。

不只是三十幾歲的女性，說不定連當了父母親的人，也還會覺得自己仍是孩子，自己還有某個部分沒有完全轉變為大人。

因為很重視家人，所以常常一起行動，連購物都要一起去；如果有什麼事，也會團結起來互相幫忙。每天打電話，經常發e-mail——這樣也有它的樂趣，但是如果跟媽媽的距離太近，感到喘不過氣來或覺得不自由時，也許就該重新衡量跟母親的關係了。

解決的方法有以下三種：

①捨棄母親

②成為真正的大人，達成和解

③建立自己的家庭

其中①「捨棄母親」，指的是在精神上能夠自立。不再繼續尋求母親的包容與理解，而是考量自己的責任後行動。同時，當媽媽希望獲得包容與理解時，也要釐清界線。

而②「成為真正的大人，達成和解」，則是改變「妳當然應該知道」的傲慢想法，補充解釋未盡之處，互相瞭解彼此的差異。這樣就能像成熟的大人般保持距離，互相尊重對方。

至於③「建立自己的家庭」，正如字面上的意思，要離開母親獨立，擁有自己的家庭，換句話說也就是要找到比媽媽更重要的對象結婚。

當有了屬於自己的家庭，首先要以自己跟伴侶間的信賴為第一優先，即使在緊急狀況或育兒問題上會尋求協助，但基本上的日常生活不會有母親介入。藉由經營獨立的家庭，從母親身邊脫離。

給媽媽——獻上感謝與「解僱通知」

媽媽，說到底其實只是個尋常的普通女性。

她不意味著理所當然或絕對，她的想法並不代表一切。只要是人就不可能完美，就算想法有偏見或感情有些偏頗，也不足為怪。

當妳已平安長大成人，而且找尋到自己的夢想、也展開就業，那麼是不是應該頒發「退職令」給媽媽呢？

總是以母親的價值觀為判斷標準，並竭力地想獲得認可，這並不是一種成熟的舉動。更何況妳還生氣地認為「都是媽媽的錯！」實在大可不必如此。

「這樣是不對的」、「我不能接受」、「這些訊息可以先擱著」像這樣憑著自己的判斷一步步往前走，才是成熟健全的行為。

妳能健康成長到現在，我們無法否認母親確實有她的功勞。

妳的母親把妳教養成為一個有知性、具思考能力的大人，為了想認清自己的狀態而閱讀這本書，這樣的媽媽是很了不起的。

正因為如此，所以妳可以畢業了，將媽媽解僱，並且讓她恢復自由。

妳一定有許多憑藉著自己實力取勝的經驗，也經歷過一些事情，這些都是屬於妳自己的東西，而不屬於妳母親的。

如果妳能夠離開媽媽的懷抱，能以獨立的「個人」與母親互相看待，妳們的

關係就可以更上一層樓。

或許上述這些建議，妳沒有自信能做到，也擔心萬一媽媽不能接受的話……？

沒關係。關於這些疑問的回答，接下來我們將在文中一一詳細說明。

「前言」——為什麼各方面都不順利？問題可能就出在母女關係上

第1章　戀愛不順利是媽媽的錯？

第2章　結不了婚是媽媽的錯？

第3章　為什麼媽媽不能認同女兒的工作？

第4章　跟家人關係不好也是媽媽造成的？

第5章 心懷感謝的媽媽解僱之日

母親也要讀的「後記」

第1章
戀愛不順利是媽媽的錯？

受媽媽意見的影響而情感動搖時

出外跟朋友玩，回家後媽媽以嚴厲的口吻說：

「以後不要再跟那個朋友一起玩了。她很沒禮貌，又很吵。聽到了沒！」

聽了這些話，即使因為好朋友遭受批評而心生不滿、覺得難過，但面對媽媽不悅的表情妳卻無法辯駁。

如果背著媽媽偷偷跟朋友來往，被發現就糟了。媽媽一定會認為妳是「說謊的小孩」，而嚴加斥責。

所以就算是不情願，還是得乖乖遵照母親的指示。

「今天要不要一起玩？」

「抱歉，不行。」

「今天也不行嗎？」

「不好意思，今天還是不方便……」

許多人在小時候，應該也有像這樣失去友誼的經驗。

同樣的情形，長大以後還是有可能會繼續重演。

「他條件不是很好，不夠穩重、有些輕浮，任職的公司也名不見經傳……不是嗎？」

雖然妳想著：不是這樣的，他很善良、工作認真……但是妳無法對母親的批評直接辯駁。

之後，就算妳跟對方約會，那句「好像還不夠好」的話語就會在腦中揮之不去，妳本來很喜歡他的，感情卻因而漸漸冷卻。

如果妳還是中學生或高中生也就罷了，為什麼已經長大成人的女性要喜歡誰，還要受到母親的意見左右呢？

這是因為**在女兒內心，仍然覺得媽媽的意見是絕對的**。

媽媽當然愛女兒，因此也期望女兒能獲得幸福。然而，這種心情越是強烈，就越容易「擔心」，連「手帕帶了沒？面紙呢？下午會下雨喔，帶折疊傘應該就可以了」這些微小的細節都會察覺，彷彿就像在照顧讀小學的女兒一樣。

於是，本來早就應該長大成人的女兒，卻無意識地和小學時代一樣，繼續接受媽媽的照料。尤其溫柔善良的女兒，更容易有這樣的傾向。

不願放手的母親、不想離開媽媽的女兒

像這樣的女兒，難道不覺得被只會否定自己想法的母親所「支配」，彷彿氣力都被吸走了般嗎？

身為母親，當然比任何人都要瞭解自己所生、撫養長大的女兒。她知道要女兒注意、提出警告時，該怎麼說會有效；透過女兒的態度、聲音或表情，就知道她現在在想什麼。

母親對於違背自己期望的女兒，常會提出警告。

有些母親會過於擔心，除了用言語控制女兒還不夠，還會像跟蹤者一樣，監

視女兒的動向。譬如偷看手機的來電顯示，或透過臉書、推特、部落格檢查她的生活，像這樣都已經是病入膏肓了。

母親之所以會對女兒這麼執著，原因或許是超越了「心愛的孩子」這條界線，把女兒當作「自己的所有物」。

女兒如果不為自己劃清界線，就會一直受到母親的干涉。

不過，為什麼有些人總是無法脫離「受到母親指責↓沮喪、感到焦慮↓失去自信」的模式呢？

原因在於不單是有支配欲的媽媽，而是女兒本身也有意願受到支配。因為不自覺地期望受到父母的庇護，所以當無法自己作決定、想要逃避重大責任時，就只能遵從父母的意見了。

這麼一來，如果遇到選擇錯誤的狀況，就可以說「都是媽媽的錯」。

現在三十幾歲的女性，小時候正值泡沫經濟時期，父母養她們願意花很多錢，不論是課業、興趣或食衣住生活各方面，都有種讓孩子不虞匱乏的氣魄。由於在這樣的環境下成長，對這個世代的女兒們而言，受到保護或重視都是「很正常」的事，所以踏出這個保護圈，對她們來說或許真的有些困難。

在這樣的時代背景下，母親有母親的立場，女兒有女兒的心態，於是母女關係變得越來越複雜。

其中最重要的一點是「女兒要更加瞭解母親」。

對從小愛護有加的女兒，因為「長大成人」就突然要母親放手，對母親來說就如被刀割般的難受。也就是說，**母親會造成沉重的束縛，原因是出於對孩子的愛，首先應該要瞭解這一點**。

如果嚴厲地拒絕母親，因而發生感情上的衝突，就會發展為彆扭又棘手的關係。

此外，「在稍微有點長的『前言』」裡也有提到，現在三十幾歲女性跟母親世代的價值觀有很大的隔閡。

母親口中所說「一般」的事情，當然跟現在一般的事情不一樣。如果沒有認清這個前提，只會增加無謂的口角。

雖然媽媽可能會為女兒不認同自己的想法感到不快，可是女兒也不可以抱著「反正說什麼媽媽都會不高興，聽她的話照做就好」這樣的心態。

就像在公司裡跟上司協調一樣，一定得要花些心思，才能讓自己的主張被接受。

沒有人會直接跟上司起感情上的衝突，哭喊著「你為什麼不瞭解我！」而且完全照別人所說的去做也不是妥當的一件事。已經長大成人的女兒跟日益年邁母親的關係，也許可以把它想像是職場與上司的關係。

如何掙脫母親價值觀的束縛

儘管如此，有些人可能還是沒有辦法去反抗母親。

一定有很多人受到母親的價值觀所支配，覺得不自由。

本來母女的衝突在青春期的時候就會漸漸發生，並且在一段時間之後就會平息；但是對於在經濟繁榮時期被撫養長大的子女來說，說不定更難表達自己的意見。

當聽到母親說「這種想法很奇怪」、「我年輕的時候……」時，女兒就會對自己的想法或感覺失去信心。

每當要做選擇的時候，就會考慮到母親的標準，感到不安的自問「這樣真的好嗎？」

舉例來說當交往對象的年收入、地位、職業或身家背景，如果完全依照母親的意思來選擇，那麼在現在這個時代，要談戀愛就會變得困難。

假使媽媽能幫忙找到結婚對象，或許這種方式也不錯，可是當然是行不通的。因為女兒也會對「為什麼其他人都在享受自由戀愛的樂趣，我卻……」而心生不滿，所以就算瞞著母親交往，也會因違背母親之意而難以擺脫罪惡感。

像這種價值觀的差距，也會隨著家中兄弟姊妹的人數多寡而有所不同吧。

到底應該要如何，這要由自己決定。應該要順從地接受，還是之後再面對呢？這都是要自己承擔責任、作決定的。

缺乏自信的女性容易吸引壞男人

以母親的價值觀作為人生標準的人，缺乏自己的價值觀，也缺乏自信。因此會愛上能肯定自己的對象。

除非聽到「沒問題」、「這樣就很好了」、「加油囉」這些來自他人的肯定話語，才會覺得安心。

經常心存「我現在沒問題嗎？」「我到底有沒有被認可呢？」這樣憂慮的人，會很在意周遭的看法。旁人自然很容易看得出來。其中也包括虎視眈眈的男性。

沒有確立自身價值觀的人，只要被誇獎就會感到高興，遭到輕視就會覺得沮喪，一聽到他人的評價，自己的心情也會產生動搖。

以男性的角度來說，如果想要控制這類型的女性，絕對不是什麼難事。

「妳不行啦。」

「妳到底都讀了些什麼？」

只要像這樣嚴加斥責，就能讓她失去信心。

或是說些像「只要肯做不就能辦到嗎？」「加油啊，我知道妳做得到。」等等的話表示支持。

有自信的人，聽到斥責或誇獎的話時情緒不會大起大落，也能清醒地察覺出對方話裡的意思。

可是缺乏自信的人，心情就很容易受到影響。

換句話說，在意他人觀感所以認真讀書或工作的人，這種傾向可能會特別明顯。當然，認真是件好事，但如果是出於不安的緣故，恐怕就不太好了。

不過最令人擔心的還是戀愛方面。

一定要小心，不要讓自己受到支配欲強或狡滑的人所控制。

哪種女性容易愛上已婚男士

在被迫接受母親的價值觀之前，如果從小跟媽媽的關係一直處不好，就會深深地自覺到「自己是不被愛的」。

這樣的女性已經不屬於「被罵會感到沮喪」、「被誇獎就很高興」的層次了。也由於懷抱著深深的失落感，因此會無意識地尋找能彌補空虛的對象。

像這樣的人，只要遇到能親切聆聽、接納自己的對象，不論對方是男是女，都很有可能會陷入完全依賴的狀態。

「這個人一定能瞭解我！」但不幸的是，這些女性想投奔的對象有不少是已婚男性。

通常能以包容心理解、聆聽、寬容、不加以批判的人，多半是屬於比較年長者，所以會覺得「自己不被愛」的人，陷入不倫之戀的風險也會比較高。

當男性看到前來尋求依靠的女子，要是覺得「無法放著不管」，而耐心地聆聽或給予建議的話，或許能幫助社會減少一些問題。而這種支持的力量應該要符合常識、道德的。

可是，一旦遇到前述「虎視眈眈盯著不安的女性」這類的男人就糟了，她的情緒會被操縱，還會遭到利用。

如果女性本身不瞭解自己的弱點，結果很可能會受傷，喪失寶貴的時間與機會，並遭受重大的損失。

就算告訴自己——對方很愛我，這是戀愛，不要覺得自己被利用。但是實際上跟已婚的人談戀愛風險非常高，能得到的實在不多。

與陷入不倫之戀相比，擺脫「自己不被愛」的強烈想法，對往後的人生才是真正有益。

要試著冷靜思考母親說的話

幾乎所有的母親都是愛女兒的。這是事實。

但是，母親為了女兒好而說的話、做的事，有時候反而會束縛了女兒。

如果過度受限於母親的意思，就會產生各種各樣的弊害。

「這件衣服會不會太華麗了點？」

「這顏色不適合，有點怪。」

聽過各種各樣的批評後，就不敢選自己喜歡的衣服了。

更進一步——

「讀這樣的科系到底有什麼出路？」

「待在那樣的公司工作，沒問題嗎？」

對人生重大選擇都要干涉。也包括：

「妳交往的那個人有點……」

只要模糊的一句批評，就有可能讓女兒對終身伴侶的選擇感到心慌意亂。

當然，如果媽媽的建議有幫助，就應該要好好拿來當參考。

可是聽了之後還是要心存疑問，覺得自己的期望沒有獲得實現的話，則不必放在心上。

妳或妳的人生，當然都屬於妳自己所有，不屬於母親。

只要覺得能為自己的選擇負責任，就不必在意母親盛氣凌人的批評：

「妳看吧！」

「媽媽早就說過了！」

媽媽不會幫妳解決問題，只要若無其事地聆聽就好。

每個人都會面臨選擇失敗的危險，但是，當結果如自己所設想的一樣，這種喜悅比任何事都要來得強烈，並且無法替代。

如果要享受自己的人生、擁有豐盛的戀愛歷程與人際關係，就必須不去在意母親的「魔咒」。妳究竟聽過什麼樣的「魔咒」，這些話是否剝奪了妳的自由與思考能力呢？

回顧妳的童年時代，請仔細回想，看看哪些話語是否還會影響到現在的妳？請冷靜地思考。

「這都是為了妳」是真的嗎？

「我是為妳好才這麼說的。」

「妳知道為了妳，媽媽忍受了多少事情嗎？」

「妳知道為什麼我一直沒有跟爸爸離婚嗎？都是為了妳的將來呀！」

說不定有些人一直反覆聽到媽媽這樣說，除了抱持「我為媽媽添了很多麻煩」的罪惡感外，難道腦海中不會浮現「我又沒有拜託妳！」的反抗意識嗎？

「我是為了妳好……」這句話在某種意義上來說，就像殺手鐧一樣。如果做「我又沒有這樣要求」的反抗，就會變成辜負母親的好意，會被罵：「不知感激的小孩！」

可是，「為了妳好」這是真的嗎？

小時候被迫讀書或學習才藝，或許真的是「為了小孩好」。孩子什麼都會也很好，如果可以發掘出孩子的才華，對將來也會有幫助。

大人即使對工作抱持不同的想法，但為了生活安定，就某種意義上來說妥協也是無可奈何的事情。

但是，說出所謂「我為了妳所以才沒有離婚」這樣的話，母親對於自己人生的責任又是如何看待的呢？

這段希望女兒接受的強烈發言，固然是出自真心，但實際上也可能只是在吐露怨言而已。

關於夫婦間的事，有太多是非當事人所能理解的。所以不論做女兒的如何設想雙親真正的想法都無法明瞭，夫妻的感情是個不解之謎，不必覺得自己有責任。

實際在做諮商時，我們也會聽到一些人說：「如果父母的關係真的那麼糟，乾脆離婚對小孩反而比較好……」

不過以前跟現在不一樣，離婚相形之下是更重大的決定，女性的經濟能力也有許多限制。或許媽媽只是以想離婚卻沒辦法作為藉口，來強迫孩子接受自己的想法。

不論大人之間的狀況如何，當孩子聽著「都是為了你」，目睹著冰冷的婚姻關係，會覺得很悲傷、感到很不安。

這些悲傷與不安，長大後依然會影響著當事人。這樣的女兒一旦面對問題，就會將因果關係跟自己成長環境的問題聯結在一起。

「我這樣缺乏關愛，是不是因為欠缺了什麼？」

「像我這樣的人，將來能好好建立自己的家庭嗎？」

當實際發生問題時，就會像媽媽施展的殺手鐗一樣，被拿來當藉口使用，

「因為我跟媽媽關係不好……」

這樣一說，最簡單的答案就呼之欲出了。

「我跟朋友處不來，是因為沒有關係融洽的家庭做良好示範。」

「我沒辦法跟男性順利交往，是因為雙親沒有做好榜樣。」

這個藉口可以無限制地運用下去，只要有什麼事不順利，都可以不斷地拿來當作冠冕堂皇的理由。

可是，也有人在類似的家庭環境下成長，卻能好好掌握住屬於自己的幸福，不犯跟父母同樣的錯，過著幸福美滿的生活。

如果希望擁有圓滿的人際關係，與其拿「不順利的理由」做藉口，不如試著先踏出第一步才是妳應該且必要做的。

參考別人的家庭或小說的世界

在許多對戀愛與婚姻感到猶豫的女性當中，會對母親抱持複雜的感情，擔心

「我會不會跟媽媽一樣，面臨同樣的失敗（遭遇同樣的問題）」？

難道離婚會遺傳？不幸會造成連鎖？這麼不負責任的恐嚇讓人聽了不禁感到害怕，然而請不要把這當一回事。

我們傾聽過許多女性的內心話，認為實際上應該是因為抱持「我說不定會變得不幸、我說不定會變得不幸」的強烈不安，反而引來不幸。

母親的價值觀的確影響很大。可是，不論影響有多大，女兒是女兒，她跟母親是不同的一個人，即使身處同樣的環境，也不會變得一樣。

所以，「我一定會不幸」的恐懼根本毫無根據。

如果需要參考對象，我瞭解缺乏美好家庭的榜樣會讓人深陷不安，但如果不能向父母學習，就必須參考其他的家庭。

參考對象可以是親戚的家庭，朋友的家庭。

如果覺得有哪個家庭成員感情很好、令人羨慕，拜訪的時候，就可以就近觀察這個家庭的相處與溝通方式，問問他們的價值觀與思考方式。

譬如在某個和諧的家庭，父母說話時互相尊重，爸爸會向媽媽表達愛意。除此之外，還有各式各樣的書籍、電影、戲劇等等，能夠學習價值觀和家庭觀的對象很多。

即使是虛構的小說世界，在閱讀的時候，也可以藉此擴展自己的視野，瞭解更多元的價值觀。

也可以和戀情幸福或美滿婚姻的朋友聊聊，「最有共鳴的電影（或書、連續劇）是什麼？」「請推薦一下！」當作參考也不錯。

瞭解母親真正樣貌的意義

如前文一再強調的，母親的價值觀不是絕對的。而且違背母親的價值觀就會變得不幸，根本是種幻想。

孩子在年紀小的時候必須遵照母親的話生存、要當個「好孩子」、不違抗母親的意旨，並且要照單全收。

然而，隨著時代變遷，價值觀也改變了。於是擁有獨立人格的女兒，為了走上自己嚮往的道路，有時必須做出違反母親意見的選擇。

這是理所當然的事情。

因為母親也只是一個普通的女性，也會有弄錯的時候，她不知道、不瞭解的事情也很多。**媽媽給的建議——當然跟女兒想的不一樣——不過是一名平凡歐巴桑的意見**（妳可以這麼想）。

當子女能接受這個事實時，實際上也踏出了真正離開父母的第一步。

母親作為人生的前輩，應該也有些值得參考的話，但是這並不保證她一直能夠提供最好的意見。說到結婚，即使是已婚者所給的建議也不可能百分之百完全正確。

已經累積許多社會經驗的女兒，應該對各種領域及更多的事物有更進一步的瞭解吧？

「妳這也不行、那也不行，這樣以後到底要怎麼辦呢……？」

「我就是這樣獲得自己幸福的，所以妳最好也這麼做。」

即使受到這樣的指責，也不要失去對自己的信心。

請冷靜地試著分析，自己的媽媽是什麼樣的人，具備什麼樣的能力，然後再接著同樣去分析自己。

不只是列出不足的地方、不會的事情，也要列出擁有的事物、擅長的事情。

不過，不建議缺乏自信的人單獨進行這項評估。因為當事人很難發現自己的優點。

在這種情況下，不如找瞭解自己的朋友或專人諮商，讓別人客觀地來告訴自己：妳會什麼、擁有什麼樣的能力。

進行這項分析之後，長期以來讓自己深感困擾、自認為「我什麼能力或才華都沒有」的想法（來自父母親灌輸的誤解），多少能獲得抒解吧。

把「跟同性朋友的交往」運用在與母親的關係上

母親再怎麼說，也只是一位女性。而長大成人的女兒，是可以自己做判斷的大人。不必像青春期一樣展露真實的感情，跟媽媽對立。

即使聽到母親跟自己意見不同的論調，也不需要逐一表達自己的意見，並加以反駁。

譬如，當妳覺得朋友的建議不中聽，妳會怎麼樣呢？妳會說：「你錯了！」「這樣的想法很奇怪！」等等，採取情緒化的反應嗎？

妳應該會順著對方回答：「原來如此，是這樣啊！」「原來也有這樣的想法！」並且向對方道謝：「謝謝你聽我說這些，你的意見很值得參考。」其實自己並沒有接受對方的建議吧。

之後，就算有朋友問起：「上回那件事怎麼樣了？」「為什麼妳沒有採取行動？」妳只會有分寸地對應。如果對方過於關切，妳也會若無其事地保持距離吧。

就算面對母親，妳還是可以這麼做。這種對應只是一種普通的處世之道，而不是輕視對方；就算勉強爭辯，也只是徒勞地讓彼此覺得疲累，並且還會讓關係惡化。

此外，親子之間也不是什麼事都適合說實話。

「這樣的話一旦說出來，感覺就像在攻擊」，如果覺得不妥就不要一五一十地說出來，這也是一種重要的人生智慧。

不論什麼事都要跟媽媽說，否則好像就不太對勁。「什麼事我都應該要向媽媽報告」、「不可以對媽媽說謊」，這就是尚未脫離童年時代「魔咒」的證據。或者可能還有種「想跟某人傾訴」的依賴心。

當然不可以說謊給人添麻煩。不過妳要跟什麼朋友碰面、要去哪裡跟男朋友約會，只要是已經長大成人的人，應該都不需要再受到干涉了吧。

要是沒講媽媽會不高興，那麼在無關緊要的範圍內，適度的回答即可。因為妳已經不是小孩子了，不必再把報告當成一種義務。

面對媽媽緊迫盯人的問題，妳可以練習不要想得太過認真，就像若無其事地回應朋友好奇的疑問那種態度即可。

把「跟上司的應對」運用在與母親的關係上

如果妳跟母親平常說話就容易發生磨擦，很難像跟女性朋友一般相處……那麼，建議妳換個方式，試著以面對上司的心態進行溝通，也是個辦法。

上司跟部屬之間屬於一種職場上、工作上不帶情感的關係。如果試著以同樣的心態面對，保持一定的距離，就能讓溝通變得更圓融。

即使我們覺得上司的要求有些不合理，還是會遵從吧。如果有聚會，也會表現出配合的態度，而且會說些得體的場面話。對於母親也可以這樣應對。

譬如當家人一起上餐館吃飯，就不會露出覺得麻煩、不想參加的表情。如果面對的是上司，相信一定會很有技巧且理性地面對這種場面。

跟媽媽在一起時，要像跟上司在一起時一樣，以對方為重，不介意處理一些雜務。當對方說話時扮演聆聽者的角色，而不覺得掃興。

就算對媽媽產生反感，如果受情感的驅使表現出中學生般的言行舉止，這樣就顯得幼稚了。或許妳對媽媽有意見，但是跟她較量，最後只會落得焦慮並覺得徒勞無功。

這時，也可以拋開部屬這個角色，問問看母親的心情或想法，也許妳會發現想像不到的用意，或是促使媽媽這麼做的原因。

只要瞭解媽媽的心情，今後母女的相處方式一定會有所改善。只要知道她是出於什麼樣的心情，說出那些聽來煩人的話，就容易找出應對之道。

如果覺得「這樣太耗費心神」、「聽那些話很麻煩」，可以跟朋友出去走走或做些別的事情，來轉換一下心情。

妳不需要一整天都面對著媽媽，只要待在家裡時扮演自己的角色就好。

人隨著年紀增長，有時會變得越來越頑固。此外，三十幾歲女性的母親，有些可能正在為更年期症候群所苦，由於身心不協調或孩子成長後的空巢期備感寂寞，變得無法控制自己的感情。

認清媽媽會有這樣的表現是「沒有辦法的事」，試著接受事實；對於已經長大成人的女兒來說，或許是必要的課題吧。

請先試著表達自己的心情

可是，如果都只是單方面聽對方的話、理解對方的心情，自己也覺得不痛快。起爭執只會把事情弄得更糟，為了避免陷入這樣的狀態，就要好好地表達自己的心情和意見。

由於媽媽與女兒的關係特別密切，有時總會期待對方能猜出自己的心意。當然有時候能心意相通、瞭解對方的心情，但也不見得一直都可以如此。

也許正因為覺得「能互相瞭解」，才會疏於溝通，而引起誤解或情感上的糾葛。我們都沒有超能力，不曉得別人的心裡到底在想什麼，所以必須要把話說出來做確認。

順道一提，其實有很多男性也拙於揣測別人的心思。譬如約會時女伴忽然不高興，卻不知是什麼原因而感到困惑，幾乎所有男性都遇過這種情形。

當妳前去詢問：「究竟是為了什麼在生氣？」或許只會得到「沒什麼！」的答案，不告知原因的占多數，反而更讓人困惑。

這時，與其對不夠敏銳的男友生氣，不如直接了當地說：「我是為了哪件事生氣」、「我不喜歡什麼」，清楚地說明白更能順利溝通。

同樣的道理，即使面對母親，也可以心平氣和地告訴她現在是什麼狀況、為什麼不開心的原因等等。

有時妳不想聽媽媽的話。除了因心情不好之外，只要在身體不舒服、在擔心一些事、情緒高亢等狀況下，都會無法好好地聽別人說話。

如果聽到別人嘮叨個沒完，就算平常還可以忍耐，但這時很容易會馬上反擊。為了避免這種狀況，妳可以直接說明自己的狀態：

「我現在很累，晚點再說。」

「我工作上遇到些棘手的事情，覺得很煩躁，這些話可不可以下次再說。」

只要先這樣說明，媽媽應該就不會再繼續講個不停吧。如果她還是想要繼續說，妳就可以表示：「我現在身體不舒服，實在不方便聽，對不起！」然後離開現場。

像這樣「直接說出實際的狀況」，也是一種溝通的技巧。

「妳還沒有找到好對象嗎？」
——如何從母親最嚴厲的質問中逃離

不論女兒如何鍛鍊溝通技巧、接受母親的好意，還是會聽到一些嚴厲、令人為難的話，例如：

「妳還沒找到適合的對象嗎？」

「妳這樣一直單身下去，究竟打算怎麼樣？」

每個人單身的理由都不一樣。或許是少有機會去認識對象、工作太忙、戀愛談得不順利、跟男朋友的婚姻觀或時機不對導致分手……。

但是不瞭解狀況的母親，卻以自己的價值觀一再指責說：「妳為什麼找不到對象？為什麼找不到呢？」

最後還加上一句：「我在妳這個年紀的時候，都已經生下妳了！」

現在這個時代跟母親年輕的時候不一樣，除了談戀愛外，必須做的事還有很多。如果想結婚就能結婚，大家都會很輕鬆。話說到目前為止一直說這也不行、那也不行的人，又是誰呢——。

這時女兒焦慮的心情就像達到沸點一樣。

可是，就算這時脾氣爆發也沒有什麼意義，媽媽也不可能透過那些反擊的話語，理解到妳的心情。激烈地爭辯只會互相傷害，讓大家都精疲力盡。

這時為了不讓媽媽要繼續叨唸下去，妳可以稍微捧她一下：

「媽媽那時候遇到爸爸，真是太好了。」

「既然我是媽媽的孩子，我想我一定會幸福的。」

接著不要讓話題繼續在自己身上發展下去，談些別的事情，用障眼法敷衍過去。說不定妳有些話想跟媽媽說，可是最好還是學會不要冒險，遠離母親的干涉。

「媽媽是怎樣遇到爸爸的？」

「媽媽真的很幸福耶，能跟爸爸結婚，過著好日子，而且還生下我們這些可愛的孩子！」

「我也要像媽媽一樣，努力尋找適合的對象。」

像這樣保持距離地誇獎媽媽，然後若無其事地暗示「在我今後的人生，媽媽登場的機會會很少」，讓她做好心理準備，也是一件重要的事。

如何運用「商務溝通技巧」軟化與母親的關係

面對母親「還沒有找到適合的對象？」這類的質問，很容易會被激出得罪人的回答，例如：

「妳很煩耶，放過我吧！」

「我不想過像媽媽這樣的人生！」

「如果非得跟像爸爸那樣的人在一起，我寧可保持單身！」

不過，最好還是不要這樣回答吧。

親子關係也是人際關係的一種，就算心情煩躁，還是要避免直接起衝突，不論面對朋友、上司或同事都一樣，這是禮貌，也是常識。

假設朋友介紹她的男朋友，就算妳覺得這人不適合，但有些話像是：

「那個人到底有什麼好的？」

「跟那種人交往，還不如一個人過日子……」

妳應該也不會這樣直接說出來吧。絕大多數的人都不會讓對方有所察覺，都會採取成熟的應對，回答說：「看起來似乎是不錯的人。」

跟媽媽說話也是同樣的道理，就算她講了令人生氣的事情、彷彿刺向心頭的話，如果要一一回應，根本就會沒完沒了。

相較之下，不如多下些工夫，設法讓媽媽不會想要說出這些話，這樣的方式還比較具建設性。

就像前面提到的：

「媽媽能遇到爸爸真是太好了。妳們是怎麼認識的？」

像這樣迅速反應，試著問問看，也是有效的方法。

即使面對上司——

「經理真是太厲害了，您是如何辦到的啊？」

「請一定要教教我！」

妳不也是這樣邊捧著主管，邊引導話題的嗎？

對媽媽也是如此。不要像在調查一樣，只要試著討媽媽歡心，她就不會不高興，原本尖銳的矛頭多少也會變鈍。

只要像這樣運用商務溝通的技巧，即使處在感覺有些沉重的情況下，也能順利地渡過危機。

瞭解母親的想法後，更能確定自己的戀情

如果能從母親口中聽到她抱持著什麼樣的戀愛觀、婚姻觀，希望女兒將來是什麼樣子的，這對女兒會很有幫助。

媽媽很重視女兒，總是希望她能獲得幸福。

即使如此，女兒卻反駁說：「妳一點都不瞭解我」、「妳都強迫我接受妳自己的意見」，這些都不是媽媽的本意。

媽媽認為早點結婚才會幸福，所以會一直督促單身的女兒。

她擔心女兒被壞男人騙，才會特別去注意女兒的交友狀況。

母親自己對於跟父親的婚姻生活滿意，或不滿意？她是怎麼看待「男性」的呢？試著輕鬆地跟媽媽談論這些話題，就能理解媽媽的想法，同時自己也可以思考自己對戀愛與婚姻的想法。

例如母親認為「在結婚前一定要保持童貞」的想法，如果女兒要堅持這個原則，在現在這個時代，對談戀愛會造成很高的門檻。

女兒這時不是去反駁：「妳不懂現在時代的潮流」、「這樣就談不了戀愛」，而是要去好好詢問媽媽的想法。理解「原來媽媽的想法是這樣」，然後好好思考「自己到底希望怎麼樣」。

遵守媽媽的教誨保持童貞，然後跟媽媽找的對象結婚？

假裝聽從媽媽的意見，若無其事地談戀愛？

離開父母身邊，到一個不被干涉的地方追尋自由？

不論哪個選擇都沒有錯。只要自己覺得「我想這麼做」、「就這樣做吧」，選擇它就對了，如此而已。

可是如果想到「因為媽媽不允許……」、「我不想這麼做，但是……」而裹足不前的話，就不會有什麼進展了。

這時可以談談自己的戀愛觀、結婚觀，如果媽媽能夠理解的話當然很好；不過如果已經預料到會起衝突的話，也可以什麼都不說。

自己的身體屬於自己的，已成年的女性沒有必要在母親的監督下生活。

當然如果談戀愛的話，必須小心有意外懷孕等的風險，但是對於自己會負起責任的行動，不需要感到罪惡感。

女兒就算得不到母親的理解，也不要哭泣或反抗，有時候可以想想「如何才能照自己期望的發展」，有時候先不要想太多，冷靜地實踐，自然會有效果。

只要女兒幸福，媽媽最後都能接受

媽媽嘮嘮叨叨地要女兒用功讀書，是希望她能進好學校。督促她參與企業徵才活動，是為了將來能生活安定。對於女兒的男朋友挑三揀四，是希望她能找到條件好一點的男性。總之，母親為了讓女兒的人生更順利，忍不住會想要關心。

就像前述所提到的各種情形，當女兒與媽媽的想法不一致時，很容易演變為激烈的口角。

但如果女兒認為「我現在是世界上最幸福的人！」而抬頭挺胸地活著，媽媽就算覺得跟自己的想法不同，也會很高興。

跟那個男朋友在一起真的好嗎？如果跟醫生或律師交往，生活會更寬裕一點吧……即使這樣想，只要看到女兒的笑容，最後一定還是會為女兒的幸福表示支持。

也就是說，女兒想逃離嘮叨母親的干涉，最好的方法就是：充滿自信地掌握幸福。

所以，只要認為「我所追求的幸福就是這個」，就算母親干涉或說些傷人的話，妳還是要毫不猶豫地追求自己的目標。

去展開自己的人生吧，就算母親不在了也能生存下去，這就是對養育自己的父母最好的報答。

第2章
結不了婚是媽媽的錯？

媽媽施展「妳不會幸福」的魔咒

「媽媽說的話妳都沒有好好聽，這樣妳不會幸福的！」

「妳等著看好了，如果妳再任意而為，會越來越不幸！」

有的媽媽會對女兒說出「妳不會得到幸福」、「妳會變得不幸」這樣的不祥預言。

每當不照著母親的意向做選擇，或只是想往外踏出一步擴展自己的世界時，就會聽到類似這樣的恐嚇。

如果女兒覺得愛說就讓媽媽說，我只要聽聽就好，那麼就不會有什麼問題。這樣的人比較不會受影響。

可是，乖乖聽媽媽話的女兒就會出問題。

她覺得自己是背叛母親的壞女兒，惹媽媽生氣、傷她的心。如果繼續再這樣任性下去，自己將來說不定會發生不好的事……。

或許妳覺得不太可能，但就在這一次又一次反覆的話語中，會不知不覺受到束縛。

這些話會影響到許多的層面。例如穿著、指甲油顏色、出入的場所、回家的時間、工作的內容、結婚對象……。

女兒要是選擇了母親不喜歡的選項，就會遭到「妳等著看好了，將來一定會後悔！」這樣的魔咒。

如果就此罷手，並遵從她的指示，母親似乎就心滿意足了。

「只要聽媽媽的話，就不會有問題。」

女兒因為恐懼而屈服，彷彿被看不見的韁繩所牽制，受到母親的控制。

於是，她無法做出自己期望的選擇，也不曉得自己要什麼。

問題不只如此，還可能陷入「就像媽媽說的，像我這樣『只會做出錯誤選擇』的人，恐怕很難獲得幸福」、「要是離開了幫我打點一切的媽媽，或許真的會變不幸！」這樣的情境。並且在無形之中形成「我無法幸福」、「離不開媽媽」

的潛意識。

然而，究竟這世界上有多少人，選擇了自己真正喜歡的事物後，會陷入不幸的呢？

妳喜歡的衣服或包包、化妝品的顏色，去喜歡的餐廳跟朋友一起吃飯，從事喜歡的工作、喜歡的男朋友……說不定在媽媽眼中都不合乎她的標準。可是如果真的照她說的放棄了，真正的幸福也不會降臨。

請停下來好好想一想。

妳自己所選擇的東西、工作、朋友、情人等，真的會讓妳遠離幸福嗎？首先還是要回到自己本身到底想不想獲得幸福吧？

只要不是選擇不合常理的東西或朋友、情人，就不會導致不幸，因為世界上本來就沒有一定會不幸的人。

但不可思議的是，如果一直持續受到「妳會不幸」的魔咒，不知不覺在潛意識中就會認定真的會如此。

要是妳覺得自己被說中了，就要趕快像驅散周圍籠罩的霧氣一樣，想辦法去解開媽媽的魔咒。**這種魔咒的原理，只是利用罪惡感及恐懼心的簡單技倆而已，對女兒的將來毫無左右的力量。**

要如何才能不依照媽媽的安排

「媽媽只是一個普通的女性，所以，如果女兒跟媽媽的關係太過密切，反而不太能夠清楚地互相理解」。

只要以這樣的前提來思考，心情就會變得輕鬆。

母親會按照自己的理念養育女兒，所以對於自己不喜歡的部分會加以抑制，對於不擅長的地方也會勉強去做訓練。

小小的孩子因無力反抗，所以不論當事人覺得如何，都只能依照媽媽的想法去做。

母親為了讓孩子聽話，會拿「不聽話的壞孩子」來訓斥孩子，並且做「再這樣下去看妳以後怎麼辦」的攻擊。

如果長大以後還要繼續受母親的價值觀所支配，就會變得完全依照母親的意思而活。這麼一來，只要跟媽媽的想法不一樣，就會一直遭到責備，並且被迫要加以反省。

媽媽或許覺得這樣很好，但小孩和媽媽是不同的獨立人格，這樣持續受到支配實在是一件很危險的事。

就像前文所述，母親的價值觀只是一個普通、個人的見解，不是一種絕對、普遍性的原則。

要從內心體認到這一點，並建立起自己的邏輯系統，面對母親——不是要和她起衝突，而是要脫離她的影響力，獲得自由——這是很重要的事情。

因此藉由和其他人的討論、閱讀書籍，從不同的世界學習都非常可貴。

書店裡有看不完的書，電影院上映的電影也很多。在閱讀與觀賞電影的過程中，去建構起自己的價值觀，將自我的視線移向外界。

假如受到母親的干涉，可以對母親說：

「媽媽，這樣的想法已經過時了。」

「我覺得這樣就可以了。」

「沒問題的，不要太擔心我的事。」

如果能向媽媽表示「不，謝謝」，並不帶罪惡感地應對，可以說是最好的方式。

媽媽為了保護女兒所說出的「魔咒」，反而會招來惡緣

如果女兒被母親的恫嚇所控制，也會對自己失去信心。

這麼一來，就像先前文所述，容易被壞男人矇騙、陷入外遇關係的高風險中。

滿懷失落感的女性，很容易被旁人看出來。

缺乏自信、寂寞、在意他人的觀感、熱切渴望受到保護，這些都會顯露在表情與言行舉止當中。

這就是所謂「有機可趁」的狀態。

聽到男性說「柔弱的女性比較有魅力」、「不夠柔弱的女生不會有男人想靠近」，有些女人也很煩惱：「我想成為會有男人搭訕的弱女子！」「怎麼樣才能塑造出柔弱的形象呢？」

有一部分的男性覺得柔弱、無依靠的女子「很性感」、「很可愛」、「讓人想要好好保護」。

可是如果仔細思考這些話，反過來說，多少也包含了她們「容易被說服」、「比較好下手」的意思。

如果想成為有自信的女性，不刻意製造機會也沒有關係。

要是有男性想接近缺乏自信、只會看別人臉色的女性，覺得「不能放著不管」、「想要好好保護她」，這種男人就得要好好小心了。

當然不是所有的男性都是如此，但其中也有可能混雜著別有企圖的男性。

本來，媽媽的恫嚇是希望女兒遠離一些怪男人，可是反而因為這些話，使得女兒變得更容易吸引壞男人。

為了避免招惹到心懷不軌的壞男人，首先最重要的是要相信自己。

所以不只是要追求別人所期望的價值，也要尋找自己感興趣的事物。

不論工作或興趣也好，只要投注熱忱，一點點地建立起信心，就更能像自己、堂堂正正地做自己。這樣的女性充滿魅力，也更容易受到有自信的男士所注意。

排除吸引無用男人的「不安」，為自己培養帶來幸福的體質吧。

真正被愛的人才能展現「真實的自己」

能獲得父母肯定的人，不會怯於展現自己。

但是這也不行、那也不行……不斷遭到否定或拒絕的人，無論如何都很難變得坦誠。

由於對真實的自己缺乏信心，所以不敢透露真正的想法，會變得擅於掩飾自己。因此，當遇到別人誇獎或抱持好意的時候，會感到猶豫：

「你根本就不了解我……」

「如果你見到我真實的一面，一定會幻滅。」

這樣一來，在戀愛的時候或在婚前，日常生活中就無法自在溝通。

想要脫離這樣的狀態、肯定真正的自己，只有一步步地建立起對自己的信心。

就像前文所述，找出自己真正的興趣，或是透過諮詢，藉由專業人士得知自己的優點等等的方式，去一點點建立自我肯定的感覺。

然後，當察覺到自己現在很幸福，就會越來越感到自在。

為了獲得自信，有些人會藉助外力、地位來武裝自己，然而即使以名牌、財富、有魅力的男性來陪襯，只要對自己沒有產生真正的認同、不能對自己說聲「ＯＫ」的話，不安與渴望是不會消除的。

與其藉助這些事物，倒不如逐漸建立信心。也許妳覺得這是種緩慢、繞遠路的作法，可是如果對自己缺乏信心，將無法感受到幸福。

反過來說，**如果能肯定自己，那麼幸福就近在眼前**。

「像我這樣真的沒問題嗎？」

「有人會願意接受這樣的我嗎？」

如果抱持著這類的疑問，每天惶恐地過日子，那就太浪費生命了。

母親只能把女兒教到跟自己一樣的程度

那麼，我們再把話題回到女兒跟母親的關係上。

有些媽媽會在人前對女兒表現出輕視的態度，這樣當然容易傷害女兒。而且被拿來當成話題，當事人也會苦惱究竟該做如何反應。

這孩子這也不行、那也不行……女兒不會的事情數也數不清，母親感到很不滿，「我希望女兒至少會這個」，但理想跟現實的差距只會讓人陷入焦慮。

這類的母親會拿自己孩子和其它孩子比較「那個誰誰誰會什麼」、「妳要是像某某某就好了」，等女兒長大以後，又繼續對她的交往對象表示意見，女兒當然會不高興。

媽媽的不滿意內容一直在變，做女兒的完全拿媽媽沒轍。以前只要稍微跟男生講電話講久一點，媽媽就會歇斯底里地叫著：

「我不允許妳現在交男朋友，功課會變差！」

可是現在又很平靜地講著矛盾的事情：

「那個誰誰誰決定跟學生時代的男朋友結婚了！妳從以前到現在究竟在忙什麼啊！」

在這類型母親的腦海中，一直有著強烈的理想「如果這樣就好了」。除了要跟別人一樣，她的理想還包括當時所受的影響、羨慕別人時剎那浮現的憧憬。

在有些案例中，其實是女兒自己先領悟：「反正這又是媽媽一時的期望」，並沒有把它太放在心上。因為如果不這樣的話，自己也很難調適。

以前有位媽媽抱怨：「我家的女兒年紀不小了，竟然還不會做家事！」但我明白她自己也是個不會做家事的媽媽，所以聽了不自覺露出苦笑。

因為母親不是教育專家，所以只能把女兒教到跟自己一樣的程度。

女兒與其盲從母親，不如將眼光轉向外面的世界，尋找程度更高的老師，學習必須學習的事物。

寫給無法原諒母親的妳

我們已在前文提到，如果從小到大母親都會強迫女兒接受自己的意見，女兒要如何應對與逃離。

然而，就算知道逃脫的方法，但說不定心裡還是會對媽媽殘留著「無法原諒」的心情。

「我希望媽媽知道她對我所做的事，造成多大的傷害」

「誰能把被剝奪自由的那段時間還給我」

「我希望她能為目前為止所發生的一切道歉」

這是女兒充滿憤怒與悲傷的真正想法。

不過，正如我們在文中多次強調的，媽媽其實也有她的考量。

但因為不符合時代的流行以及女兒的價值觀與適性，所以對女兒造成了痛苦的回憶。

母親跟女兒的關係其實非常接近、親密。

「妳要為傷害我道歉！」

「妳一直讓我很痛苦，應該賠不是！」

發自女兒內心的這些話，或許也正意味著「請理解、接受我的心情」。

在諮商的實例中，也有長年因與母親的關係而感到苦惱的年輕女性，但是向母親表達自己的心情後，聽到媽媽說：「我過去都不瞭解，真是抱歉！」從此母女關係好轉的例子。

當然，並不是所有家庭都有這麼美好的結局。

其實女兒對母親同樣也有一些期望。

我想其中的心態很微妙，因為雙方都覺得「妳瞭解我是應該的，如果妳不懂我，那是不可原諒的」，在這裡面其實存在著互相撒嬌的成分。

要求對方「要道歉」這樣的動機非常情緒化，所以只會發生在親子、夫妻之間（或是小孩子之間）。

「媽媽，妳應該跟我道歉！」

像這樣的感情與心情，正是女兒向媽媽撒嬌、心存依賴的證明。不論女兒對媽媽做出多麼憤怒的反擊，只要無法脫離這樣的情緒，就意味著女兒尚未獲得真正的自由。

究竟要配合媽媽心目中「理想的婚姻」到什麼樣的程度？

我的一個朋友，他們家的女兒已有交往多年的男友，媽媽好像也知道這件事。

但媽媽表示：「我們家只准許妳跟相親對象結婚」，不允許兩人結婚。

這個男朋友為了獲得女方媽媽的認可，除了寫了好幾封信外，也盡可能地試了好多方法，但媽媽的答覆始終是：「交往的話無所謂，但結婚則是另一回事！」堅持不答應。

女兒夾在兩人當中，相當為難但也無計可施。

她也快三十歲了，這樣下去怎麼辦……連旁人看了都為她感到擔心。

像這個時候，就必須抉擇是要選擇媽媽？還是選擇男友？

如果即將進入三十歲，應該已經是成熟的大人了。是可以不依照父母的意見，憑自己的意思來選擇跟男友結婚。

但反過來說，如果聽從父母的話，就不能一直把男友留在身邊，必須與父母認同的對象結婚。要是不這麼做的話，只會讓時間白白流失。

（其實也可以不顧父母反對擅自跟男友結婚，等到小孩出生後，媽媽看到外孫很可愛，或許能因而接納女婿……）

除了這個例子外，假設母親反對女兒結婚：

「那個人不適合，他無法讓妳幸福！」

就算聽到媽媽這麼說，只要女兒強力聲明：

「對我而言，沒有比他更好的對象了，所以我選擇跟他在一起。」

像這樣媽媽也莫可奈何。

另一方面，女兒也可以把母親的選擇拿來當賭注，要求媽媽承擔責任，這也是一種方式。

「如果要這麼做的話，請介紹三個適合我的對象！」

要是這麼說會如何呢？

別只為了遭母親否決而感到難過，妳自己也可以提出希望母親如何做的要求，看看母親的反應，或許有機會讓自己的終身大事有所進展。

如果只是認定對象卻又停滯不前，最後只會落得兩頭空，白白消磨掉時間。

正因為是自由的時代，所以更要明白人生有時間限制

人生有時間限制，這是不容否認的事實。

在生物學上，女性有適合生育的年齡，如果想要生小孩，就一定要在這段期間找到對象結婚。

但是在現在這個時代，人生的選擇變得非常多樣化。對於過去的女性來說，結婚是人生必然的大事，在「二十五、二十六歲之前」周遭的人就會施予強大的壓力。

可是，這個限制到現在逐漸變得寬鬆，延到三十歲、又延長到三十五歲，現在幾乎沒有什麼時間上的限制，好像又變成四十歲……漸漸越延越晚。

要不要有小孩是個人的選擇，其他人沒有什麼可置喙的餘地。而且在結婚與生孩子之前，人生還有許多像工作、求學等必要的課題，在這樣的風潮與環境下，自由似乎也受到了保障。

可是如果缺乏「我想要這樣」的明確心情，只會讓時間平白流逝，不知不覺才忽然發現：「我本來想結婚，也想要有小孩，可是都已經來不及了……」（都是因為周遭的人不知道為什麼都沒有幫忙）。

如果結婚，就會失去現在愜意的生活。

要是生了小孩，還要兼顧工作會感到吃力。

究竟是要選擇現在這個男朋友，還是說不定以後會有更好的選擇呢。

於是就這樣遲遲不能做決定，只剩下獨自迷惘的心情……希望妳能多加留意，不要陷入這樣的困境。

現在是個多種選項的自由時代，所以不論媽媽說什麼、給多少壓力，到底自己的人生要怎麼過，一定要自己思考，並做出選擇。

掌握幸福者的擇偶標準

有些人很快地就能找到結婚對象，後來也過著幸福家庭生活；也有些人則沒有辦法，這兩者的差別究竟在哪裡？

能夠迅速決定「我要跟這個人結婚」的人，面對其他的選擇對象，也很有可能會說「ＯＫ」；而無法結婚的人，不論什麼樣的對象出現在眼前，都只會看到缺點，而遲遲無法決定。

也就是說，「會結婚的人」比較懂得接納別人，懂得將目光投注在對方的優點上，並且能配合伴侶的步調，屬於比較積極的人。

「結不了婚的人」，容易覺得「那個人這也不好、那也不好」，把別人的各項缺點列出來後，又因「也許別的對象會比較好……」等等而猶豫不決。最後誰也選不了，同時也不會被別人選上。

追根究柢，這說不定是出於「對自己的判斷沒有自信」、「害怕負責任」的心態。

正因為對自己缺乏自信，無法自己選擇對象，所以當好不容易對方有結婚的意願，也無法高興地說「我願意」。

這樣的人，說不定讓男朋友與媽媽見面後，聽到媽媽批評：

「妳怎麼找了這樣的人？」

就會覺得惶惶不安。

或是結婚後發生問題，聽到媽媽下論斷：

「都是妳不聽我的話才會這樣。」

就感到害怕。如果是這樣，那麼就表示很顯然的還受到媽媽的影響。

每個人包括自己在內，都有優缺點。由於婚姻生活是要跟另一個人一起過，所以任何家庭都會有風波產生。

「結婚就是成為一家人」，好不容易有結婚的機會，卻受到母親的意見左右、讓她繼續看顧著妳的婚姻生活，這樣的人生究竟有什麼意思呢？

不要只是挑毛病，或是煩惱都還沒有發生的未來吧。

如果想提高結婚的可能性，**首先要有「徹底的覺悟」，以自己的價值觀來選擇對象，且不論發生什麼樣的結果，都要自己決定、自己負責。**

無法自己作決定的人，不論結局如何都會後悔

在面對面的諮商當中，常常會聽到：「可是媽媽說……可是媽媽……」遲遲無法提出結論的回答。

這時如果問：

「但是媽媽有一天會離開這個人世。那時，如果妳身旁沒有伴真的沒關係嗎？」

她一定會回答：

「我絕對不要！」

但是，如果建議「要是選擇跟現在的男友在一起呢？」這時當事人又會開始猶豫：「不過我還是沒辦法背叛媽媽……」

這時，要是選擇了母親，就要放棄男友，繼續跟媽媽生活一輩子。如果是「我選擇了母親，而不是他」的話，那麼妳選擇的是自己負起對自己的責任。

我認為無法依據自己的判斷選擇人生的女性，不論做了什麼樣的選擇，最後都會後悔。這大概也可以說是一種「後悔的毛病」。

「那時我丟下了母親離開家，真的很不孝。我是個糟糕的女兒。」

「我好後悔當時沒有結婚，明明那是我最後的機會。從此我只能跟年邁的母親兩人，渡過寂寞的餘生……」

不論在哪種情況下，只要產生這樣悔恨的念頭，除了自己本身外，連身旁的人也會跟著不幸。

想像自己臨終的情景，再想想這樣過真的好嗎？

有些人遲遲無法向人生新階段踏出新的一步，我希望這些人一定要思考如果再這樣下去，自己臨終時會不會覺得後悔？

從現在起，我是應該要有結婚對象比較好，還是沒有也沒有關係呢？

如果希望有結婚對象，是要選擇眼前的他？還是要找尋別的對象？我想要有小孩嗎？是順其自然，還是決定不生？

面臨的選擇堆積如山。

「說不定船到橋頭自然直。」如果只想跟別人一樣，腦中只浮現著模糊的未來想像，在現在這個時代，恐怕這樣的願景很難實現。

雖然媽媽很囉嗦，但是她很重要，我也很愛她。如果我離開了，她會很寂寞，我無法放手，對我而言，母親比婚姻大事更重要。

如果真的這麼想，那麼就要下定決心：「在母親有生之年，我不會離開家」。選擇跟媽媽過一輩子，這就是最幸福的決定。

接著還要想清楚，這樣的生活方式需要多少收入、要住在哪裡？如果母親需要看護時怎麼辦？以及她離開人世後自己要怎麼過生活。

在完全不做選擇的狀況下，時間會漸漸過去，不知不覺就過了好幾年。實際上所流失的時間恐怕是當事人無法想像的。

媽媽都希望女兒能獲得幸福

人生最重要的時刻，包括就業、結婚、小孩誕生等等。

特別對女性來說，不論是距離上或精神上，結婚都意謂著從母親的身邊獨立。

在諮商時反覆表示：「可是我媽她……」而裹足不前的女性，究竟覺得自己的人生伴侶重要，還是媽媽比較重要呢？

當然，為了一直把女兒留在身邊，以言行誤導女兒的判斷、讓她心存罪惡感的母親，也有問題。雖然嘴上說：「我的女兒為什麼還不結婚！」但實際上卻讓女兒對婚姻抱持猶豫的態度，所以母親本身也有責任。

要是母親不改變的話，女兒只好改變自己了！

女兒可以想像一下，如果自己是母親的話……又會如何呢？

對於一直不結婚，待在母親身邊的女兒妳會怎麼想？

當女兒找到伴侶，想離開母親獨立時會怎麼想？

女兒從身邊離開的確會感到寂寞，可是看到女兒建立新的家庭、擁有自己的幸福，媽媽一定會感到高興吧。

太過於為女兒的幸福憂心，結果把女兒強留在身邊，這當然不是母親的本意。

所以，女兒大可不必想太多，只要追求自己的幸福即可。

因此，就算母親操心地問：

「妳真的沒有問題吧？」

「妳那個男朋友有點……」

女兒也可以開朗地回答母親：「沒問題，只要跟他在一起，我就是全世界最幸福的人！」就算是說謊也沒關係，只要能讓母親安心就好，不是嗎？

不要把「結婚」當作避難所或改變地位的手段

想要婚姻幸福，還有其他事情要注意，那就是「結婚的理由與動機」。「我希望能待在心愛的他身邊」這是理所當然的，但還有其他屬於情感之外的因素，像「考量到將來的生活，認為自己需要一個伴侶」、「我想要有自己的小孩」等，也都完全沒有問題。

可是，如果是因為「不喜歡現在的工作」、「男朋友一直說想結婚」、「想逃離嘮叨的母親」這類的原因，而把結婚當作逃避問題的手段，那麼婚姻失敗的可能性就會提高。

為什麼呢？因為那只是在逃避現實而已。

如果為了逃避問題而結婚，要是婚姻生活順利的話當然很好，可是如果有什麼問題發生，就會後悔當初為什麼要這樣做。

明明為了避開討厭的事物才結婚，結果逃去的地方又有麻煩事——如果是這樣的話，「新的麻煩＝婚姻生活」，妳的心情也一定會動搖吧。

只要有「這個婚姻是我自己的選擇」、「我的歸宿在這裡」這樣的覺悟，就會盡力去解決問題。

同樣的，如果是因為「沒有結婚很丟臉」、「不想被當成沒人要的女人」這樣的理由才結婚的話，**當結婚之後目的達成了，就會缺乏與丈夫一起打造未來幸福生活的熱情**。

這一類的人大概只是想要「已婚人士」的身分而已。

如果特別強烈希望跟身分地位高的對象結婚，這樣的人也要小心。

執著於「想成為讓別人羨慕的人」、「希望在別人眼中看起來很幸福」，就是對自己缺乏信心的證明。

就算別人覺得妳過得很好，但如果自己沒有感受到幸福，就不具有任何的意義。事實上，有不少人執著於「在別人眼中看起來很幸福的樣子」，不願放棄不快樂的婚姻生活，每天過著索然無味的日子。

「媽媽，我的婚姻果然失敗了……」

為了避免淪落到像這樣對母親哭訴的一天，就要好好思考：對自己而言，結婚的意義究竟是什麼。

結婚不是為了逃避問題，也不是為了展現給別人看、讓其他人羨慕。只有抱持著「我決定跟這個人在一起，互信互賴、共渡難關」的信念，才能讓婚姻生活持續下去。

如果希望能夠享有「跟這個人在一起會幸福！」「結婚真好！」的婚姻生活，明確的決心就非常重要了。

離不開父母不是孝順的行為

對結婚猶豫不決的人，說不定會有「離開母親很不孝」的想法。

可是結婚也意謂著離開原生家庭、建立一個新的家庭。所以離開家是很自然的事。如果媽媽跟女兒一直膩在一起，這樣的話到底是要跟誰建立家庭呢？

有時因結婚對象工作上的調動，必須遠離父母，但只要他們都還健康而且有能力生活，就應該不會是什麼問題。

對母親而言，自己疼愛的女兒要遠行，當然會感到寂寞。可是調適這份寂寞感也是父母必經的考驗。

女兒看到媽媽寂寞的樣子或許會覺得難過，但如果因為同情而無法放手，將會一直無法自立門戶。

如果要結婚，首先要面對的是伴侶而不是父母。當然，一直以來慈愛養育自己的雙親很重要，但是以跟伴侶的生活為優先，尊重伴侶也是理所當然的事，並不需要有罪惡感。

也有些母親要求女兒婚後要頻繁地回娘家探望，自己也會常常去探訪女兒；如果這樣會對自己的生活造成妨礙（在不滿的情緒還沒有爆發、導致關係惡化之前），最好還是明確地說出來比較好。

相反地，也有些女兒對母親抱持不好意思的心情，並懷有罪惡感：

「只要是母親的要求，一定要盡可能達成」

「不論什麼時候都應該孝順父母」

自己給自己訂下規則，然後努力遵守。可是如果給自己太多的約束，將會變得動彈不得。

父母最希望的是孩子健康快樂，所以做子女的應該要以自己的幸福為優先，不必覺得是什麼壞事。

如果為了滿足娘家的要求，而使得自己跟丈夫的關係惡化，那就本末倒置了。

好不容易才擁有自己的家庭，請一定要好好珍惜。

一直以來，就算媽媽沒有明確的要求，自己也會先設法滿足她的要求，或是為了讓媽媽開心而弄得自己神經衰弱似的……就讓這些都告一段落吧。

要讓不同世代的母親覺得「沒有消息就是好消息」，就要讓母親與女兒保持距離，並能自然地接受這樣的關係。

家庭經營就像創業一樣

有人認為「結婚就是創業」。

結婚就像夫妻一起創業，共同經營「養育小孩、貢獻社會」的事業一樣，所以結婚時，不只是要堅持「希望婚姻能讓我幸福」的想法，更需要創業的熱情與冷靜。

當然，家庭裡「愛」很重要，但除了情感的部分，也要意識到這裡頭有無止盡的責任。

從這個角度來看，長大成人的女兒就像母親打造完成送到社會上的「成品」，接下來將輪到自己擔任這樣的角色。

經營公司如果放任不管很快就會出問題，沒多久就會倒閉。如果不訂立計劃好好地加以執行，公司就不可能存續下去。

更何況，夫婦兩人來自不同的出身、背景，某種程度的磨擦無可避免，如果只作著美夢是不會有什麼進展的。

要是決定跟丈夫一起生活，就沒有什麼餘裕再多想「可是我媽她……」這類的事情了。

為了對養育自己的母親表示感謝，**自己也要有成為「創業者」的領悟跟決心，並付出努力才可以。**

當女兒能獨立時，母親的「製作人職責」就算達成了

女兒長大成人，成為社會人士時，表示母親的「事業」相當成功。接下來的目標則是讓女兒結婚。

所以到這個階段，母親的工作已告一段落。也許對母親來說，還有許多未完成的事，但實際上就是到此為止了。

女兒可以對媽媽說：「媽媽辛苦了，真的很謝謝您一直以來的照顧。」讓她卸下「製作人」的職務。

已經能夠獨當一面的女兒，接下來要展開自己的人生製作人生涯，與合夥人創立新事業。

或許還是有些母親無法釋懷，覺得「我的女兒應該還要照顧我呀！」這時，女兒就要清楚地傳達「不，謝謝！」的訊息，走上屬於自己的道路。

當女兒成為一個出色的大人，母親的責任就算達成了。

女兒一直依附在母親身邊，離不開媽媽，等於向世人宣告「母親的事業失敗了」。

妳覺得讓一直為自己擔心、疼愛自己的母親，被貼上「失敗經營者」的標籤真的無所謂嗎？應該會覺得不太好吧？

不論是誰，當身旁的人離開都會感到寂寞。

但女兒離開母親不是離別，而是獨立。

看到女兒以自己的力量過著幸福的生活，就算多少有些寂寞，但媽媽應該還是會感到高興吧。

準備離家的女兒面對眼角泛著淚光、心中不捨的母親，偶爾也可以讓她看看自己健康的樣子，她一定會打從心底覺得「我所做的事情沒有錯，真是太好了」，而感到開心。

如果現在不離開感傷流淚的母親，那麼以後她將會為了更沉重的痛苦而流淚。

所以，對於離開母親這件事，不需要覺得抱歉或感到後悔。

結婚也就是意謂著「找到比媽媽更重要的人」。

第3章

為什麼媽媽不能認同女兒的工作？

對媽媽批評自己的工作感到煩躁

目前三十幾歲女性所從事的工作範圍廣泛，不只是辦公室裡單純的事務性工作。

包括過去女性幾乎不會參與的勞動工作、訂立高標的業務項目、工作時間很長的服務業，還有資訊科技業、理工類的研究開發等，橫跨多種的領域。

就算工作內容與男性有所不同，但由於長期經濟的不景氣加上人力不足，許多人的工作量都很重，也必須加班，因此女性與男性都同樣置身在嚴苛的工作環境裡。

如果工作量增加可以調薪，也是件不錯的事情，但現實的狀況並不是所有公司都這麼好。

由於資方引進一些歐美的制度，於是有所謂裁量勞動制（富彈性的就業制度）、年薪制的出現，聽起來似乎很不錯，但實際上有些人被要求加班，卻沒有加班費。

在現在這個時代，調薪的標準提高，要非常認真才能出人頭地，加上以前的「年功序列制」（為日本的一種企業文化，以年資和職位來訂定標準化的薪水）也已經廢止。

可是，有些母親不瞭解這些事情，對於女兒的工作反覆地嘮叨、干涉。

「妳為什麼非要這麼認真工作不可呢？要是把身體弄壞了怎麼辦！」

「領這種薪水根本不划算。妳將來打算怎麼辦？」

當然這些話都很有道理。

實際上，當事人也很清楚自己的狀況，很多人都覺得付出與獲得不成正比。但沒有人會幫忙做自己的工作，換跑道也不保證會找到好職務。更何況一旦放棄正職員工的身分，也可能回不到原來的職位。在職場上會有這樣的憂慮。

母親只是根據自己過去工作時的感覺（甚至可能沒工作過），直接把想到的事叨唸出來。

「妳為什麼這麼忙呀？」

「為什麼薪水會這麼低？」

「不要待在這種公司，去大企業上班吧！」

「妳如果結婚，把工作辭掉呢？」

媽媽生長在景氣繁榮的時代，大公司內定的錄取、做些泡茶之類的輕鬆工作，待了兩、三年就離職結婚了，實在不想聽她說這些——。

更不想聽靠著爸爸的收入生活，只打工賺零用錢的媽媽叨唸。

這應該是許多正在工作的女兒她們的心聲。

「女性在工作上應該要……」

聽媽媽一副很懂的樣子開始說教，女兒可能不自覺地就提高了音量：

「妳別再說了！」

上一世代的母親無法理解目前職場的狀態

在關於戀愛、結婚的部分，我們已經反覆提過很多次，面對經驗比自己少的人（母親），不管妳對她說過多少次，恐怕雙方的頻率還是對不上，尤其是談論到關於工作的話題時特別明顯。

所以，為了不要給自己累積太多的壓力，妳不必全盤接受母親的話，建議適度地聽聽就可以了。

「媽媽根本不明白我有多辛苦！」

不管妳有多麼地氣憤，但事實上她不懂就是不懂。而且，如果媽媽有心要理解女兒的立場，就不會說出那麼不中聽的話了。

在過去，剛開始實施男女雇用機會均等法的時候，在企業裡工作的女性大部分是新進員工，而且都等著要嫁人。

年輕可愛的女孩陸續跟公司同事結婚之後離職，將近三十歲還留在公司的女性，會覺得自己漸漸沒有容身之地，而感到卑微。

為了避免淪落到這種狀況，很多女性都急著想要結婚，周遭的人也會催促婚事。

如果在這樣的情況下，還能繼續待在職場上累積資歷的，這樣的女性應該是意志力堅強、相當優秀的人吧。

不過以前這樣的女性其實相當罕見，除非是福利很好的大企業，或者本身非常優秀、公司無法放手的人才，否則當時的女性很難再繼續工作下去……。

現在具備高學歷，能跟男性並駕齊驅、從事相同工作的女性其實不少。一旦只要仗著「我是女生」想輕鬆一點，很快地就會被踢出第一線，這不難理解。

在如此嚴峻的職場環境裡，**是遠遠超過母親那個世代所能理解的，就算用盡言語說明，媽媽也無法理解**。

如果沒有先明白這一點，跟媽媽溝通時聽到她那天真又少根筋的話，恐怕會備受刺激吧。

媽媽不明白過於依賴男性會有什麼樣的風險

雖然工作忙碌卻得不到回饋，無法轉換到更好的職場，改變不了約聘人員或派遣員工的處境……。

這些狀況在上一代媽媽們看來簡直是不可思議。

所以媽媽會在不經思考的狀況下說出這些話：

「這麼辛苦難道不能辭職嗎？」

「工作還是適可而止就好吧。」

也就是在批判女兒，不要嘗試做不到的事，不要追求無謂的夢想。

實際上，約聘職員的工作量和正職員工一樣，甚至有過之無不及。但很多人只能擔任約聘或派遣員工，就算學歷高、工作能力也很好，在不景氣的狀況下，也找不到能夠發揮實力的舞台。

現在也只能忍耐，等待翻身的機會。如果輕舉妄動，處境可能會變得更糟

——儘管如此，媽媽卻什麼都不懂！女兒大概也覺得很憤慨吧。

當然母親不是要批評自己的女兒無能，也不是要冷眼旁觀。母親的疑問，大致可歸納為一重點：

「與其這麼辛苦工作，不如趕快結婚，既輕鬆又安穩」。

就母親的感覺來說，如果女兒「雖然工作認真，但找不到結婚對象」，不如「工作雖然不穩定，但是有論及婚嫁的對象」。為什麼要一個人拚命工作，真是不可思議（她真的這麼覺得）。

母親對於「女性的工作」的印象，很可能已經與時代脫節了。

就算結婚生子，現在有很多女性還是得繼續工作，才能維持家庭開銷。有多少男性能憑一己之力，養得起全職家庭主婦跟小孩？

男性本身調薪的希望也很渺茫，但工作內容卻很困難。職場內呈現慢性的人力不足，公司內部的競爭也很激烈，如果輸了就會被放棄，很快就會被拍拍肩、宣告遭到開除。

要是丈夫病了無法繼續工作，被公司開除了呢？如果家境優渥又另當別論，但在大多數的家庭，遲早會日子過不下去。

尤其近年來離婚的心理門檻也降低了。只因為「個性跟價值觀不合」、「喜歡上其他人」等簡單又不負責任的理由就分手，離婚變得是稀鬆平常的事。

在過去，全職家庭主婦是主流，離婚也很困難，母親們在那樣的時代把小孩扶養長大，恐怕沒想過如果在缺乏經濟能力的狀態下，女兒離婚的話，究竟應該怎麼辦。

現在雙薪家庭很正常，而且女性的工作不見得比較輕鬆。

無法指望加薪，年金制度的存廢問題也令人感到憂心。

夫婦倆都不能忽視在最後身心俱疲、競爭中敗落而失業的風險。

再加上離婚也變得很簡單。

在這樣的狀況下，與其尋找能守護一生、保障生活無虞的真命天子，很顯然地不如先確保自己的工作，才能減低人生的風險。

而且，有很多三十幾歲的女性都明白這一點，所以認真工作。這也是母親那一輩的人無法全然理解的地方。

明明不瞭解工作的情形，卻妄自認為女兒「能力不足」

不明瞭時代在變遷的母親，對於在不利條件下工作的女兒，有時會批評：

「妳能勝任這份工作嗎？」

「這份工作不適合妳。」

女兒一定會想：妳自己明明連嘗試的經驗都沒有，少對別人的工作妄下評語吧。不過如果母親的經驗太少，自然不太能理解自己的女兒吧。

而且母親說不定覺得，與其女兒勉強地辛苦工作，倒不如乾脆辭職，在結婚前就待在自己身邊吧。

可是母親對於女兒的將來，最多也只能預測到高中時代為止。

女兒出社會後，累積了各式各樣的經驗。當然，說不定因為年輕，有時講話比較率直，這也是很正常的事，大家都一樣。

媽媽並不瞭解長大成人後的女兒，卻批評「妳無法勝任」、「妳沒有才能」，這些話一點說服力都沒有。

實際上正在為工作而努力的女性，不必受母親的話左右，也不需想太多而煩惱。如果是跟工作有關的事，一起共事的上司或同事所說的話，或是專業諮詢人士的建議，應該更符合實際狀況，也具有更多的參考價值。

請仔細思考，媽媽對自己的評價真的準確嗎？聽了這些意見對自己有幫助嗎？

人有程度上的差異，並且會隨著年齡漸漸增長進步。

為了不讓現在的自己比過去的自己退步，就要累積經驗，轉化為知識與智慧。

媽媽根本沒看到妳工作的樣子，卻說出「妳不可能勝任這種工作」的話，所以根本不必為這種話而煩惱沮喪。

如果妳覺得「我想好好努力」，就不要在意別人的說法，直接去做就好。**妳有沒有才能不是由媽媽來判斷，而是由瞭解妳工作成果的人來決定的。**

要是無法忍耐，就去存錢開始過獨立生活吧

母親無法理解女兒的狀況，只會反覆給些不正確的建議、說教，或經常斥責女兒怎麼還不結婚。

如果自己的心情平穩，雖然聽了會感到厭煩，卻還能不把它放在心上。但如果正在為工作、為將來的問題、為相親感到疲憊，覺得已經被這些事追得不得喘息的話，那麼媽媽的話只會更令人神經緊繃。

於是母女之間就容易產生互相嘲諷、爭吵、激烈爭執——然後一段時間，都會看到媽媽板著一張臉，不高興的樣子。

如果不想再繼續忍受，覺得精神負荷已經到了極限，我勸妳可以存錢開始去過自己的生活。每天寄 e-mail、打打電話，保持空間與距離感，應該會比較好。開始一個人住，界限就不會模糊不清，也能真正地體驗自立更生。而且對於脫離跟母親的關係會有很大的幫助。

如果在經濟上一個人生活有困難，就要訂下「要忍耐到什麼時候」的期限，然後開始存錢。這樣一定會比原來的生活更加有工作動力。

其實，能夠工作領薪水的人真的很了不起。

好好完成工作後，獲得的酬勞就代表評價，這正是自己受到社會肯定的證明。

有意義的工作不一定會領到高薪，能力的高低與社會知名度也不見得會成正比。

請對「付出心力的自己」、「有工作的自己」，要更具信心。

讓工作更容易獲得肯定的祕訣

我們把話題稍微離開母親，轉移到工作、職場上，介紹可以讓自己不會太辛苦，而且更有成效的工作方式。

「我一定要學更多，增強實力」

「就算是不擅長的事情也要認真去做」

「我一定要發揮實力，獲得好評」

就算是這麼拚命，還是會碰壁，也會遇到「就算很努力也無法克服」的問題。

沒有人是萬能的。大部分的人都有擅長跟不擅長的領域，擁有的能力與才華也都不相同。

有人擅長設計，但也有人不管怎麼努力，還是不行。這是與生俱來的才能，所以很難改變。

可是，從小就習慣「努力」、強迫自己的人，會只注意到自己不擅長、做不好的部分。在無論如何都要進步的情況下，卻因為缺乏才能無法如預期發展，而令人感到痛苦。

如果是準備考試，的確不能放棄不擅長的科目。除了維持擅長的科目外，也要克服不拿手的科目，才可能提高總分。

可是如果長大成人後，還是以這種方式面對人生，那就麻煩了。

實際上，人對於不擅長的事物不論多麼努力都很難進步，因為這會從一開始就輸給有才華的人。

倒不如朝自己擅長或有天分的領域發展，待受到肯定之後，比較容易看得到成果。

如果老是拚得很辛苦卻做不好，只會帶來挫折感與無力感。強化「我不行」的感覺，就像媽媽老是數落自己的缺點而感到沮喪般，也是同樣的道理。

與其專挑不會的事物而感到惋惜，不如找出自己擅長的領域積極投入還比較具有建設性。在職場上，要是有覺得自己能勝任的工作，請毫不猶豫地自告奮勇，展現出活躍的一面。

相反地，如果遇到做不來的工作（不是指麻煩的工作），大可敬而遠之，交給更擅長的人去做，表現低調的一面。

想獲得他人的肯定，就要整合自己的長處，臨機應變讓人留下印象。這類技巧對於贏得「有才華」、「有能力」的評價會更有幫助。

到哪裡可以吐露對工作的怨言？

只要是工作就無法避免會產生壓力，有時候難免想抱怨一下。

人畢竟無法長期壓抑自己的感情，所以一定要找機會發洩。

但如果對媽媽發牢騷，她可能無法理解也是事實，所以不要去指望能在家裡解除壓力。

以前的上班族都是在居酒屋跟同事一起發牢騷的。

不過近年來，跟公司同事維繫感情的風氣似乎漸漸消失了；而且，如果在別人面前無心說出不當的話語，傳出去也可能危害到自己的立場。很多人都意識到這一點，避免說出多餘的話。

為了解除持續積壓的不滿，也避免被同事出賣，許多人選擇在個人網頁上做抒發。

不過，要是能像在居酒屋一樣，碎唸完後什麼都忘記也很好，但網頁空間的特性就是「會留下紀錄」。不像「話說過就算了」，很多事不會「寫過就算了」。

在盛怒時寫下的文章繼續留在網頁上，自己看到時都會勾起不愉快的經驗，而感到鬱卒……也有很多人因而陷入負面的循環。

從這點來看，我們建議採用臉書（Facebook）。

有些人在臉書會用本名註冊，動態內容包含現狀、對自己有意義的事、愉快的生活時光等，帶有互相炫耀的性質。

大部分的人會把友人、認識的人等熟悉度不同的人加為朋友，也不必擔心不知道會被誰看到。因此使用者會約束自己，不要寫些負面的，像工作上的牢騷，例如「這個客人爛透了……」「我再也不要忍耐那個傢伙！」（以上都是舉例）等。

就算在工作上遇到不愉快的事，把自己的負面情緒放在聚光燈下公開，看到別人按個讚，沮喪的心情多少會平復一些，之後回頭再看，也不會感到不愉快。如果這樣還不能消除壓力，建議私下向好友傾訴，或是尋求專業諮商解決問題。

還是要提醒大家，千萬不要向不懂工作煩惱的媽媽抱怨，或是對她發脾氣說：「妳的反應太冷淡！」等等。

進一步透過工作獲得自我肯定

在第1章、第2章關於戀愛和結婚的部分，提到抱持「自我肯定感」是幸福人生的基礎。

我們也介紹過，如果因為家庭環境的關係而缺乏自我肯定，可以透過讀書、看電影等方式接觸不同世界，跟朋友或心理諮商師談談，藉此培養信心。

不過，還是有些人無法好好運用這些處方籤。

如果是這樣的話，可以透過工作提升自我肯定感，這是有效且實際的方法之一。

可以先把「獲得別人認同」當作目標，就像鼻子前懸著紅蘿蔔一樣。要是向對方的主張屈服一再讓步，很有可能會損害自己的立場。

因此，**在工作進行時，首先要意識到這是在「磨練自己的能力」**。

在工作的領域上，只要努力獲得成果，就會獲得好評。不過一開始不要訂立太高的目標，要先腳踏實地一步一腳印，逐漸累積成功的經驗。

「我成功了！」「我辦到了！」這樣的心情會加強自己的信心。

就算是微不足道的工作，只要仔細地處理，經過上司或資深同事確認後，一定會給予相當的評價。就算媽媽常說些**負面的批評，像「妳做什麼都不行」，那麼就讓上司或資深同事的評價蓋過它**。

雖然沒有辦法快速地，但就像這樣以循序漸進的方式來提高對自我的肯定吧。「因為媽媽這樣說，所以我應該不行」這類的想法，就讓它在職場被蓋上封印吧！

沒看過自己工作狀況的人，無法給予正確的評價。

不要焦急、不要自暴自棄，認真地投入工作吧！

別認為自己一無是處

我跟媽媽關係不好，又找不到情人或結婚對象——。像我這麼無能的人，根本沒辦法負什麼責任。

有些人對自己置身的環境過於悲觀，甚至會這樣想。

可是這樣的想法實在是大錯特錯！

首先要好好工作。光是做到這一點，就可以說是盡到了身為一個人的責任。要明白只要這樣就會獲得肯定。

跟母親關係不好，又沒有伴侶的女性，在這個世界上為數不少。可是妳認為她們全都沒用又不幸嗎？

真的這麼簡單嗎？

如果真的是這樣認為的話，就表示妳還是對自己缺乏信心，在職場上沒有獲得肯定。要是在家裡或職場都得不到認同，也請不要沮喪。妳可以去參加一些團體或和朋友組成的社群，在第三、第四個場所散發光芒。

希望妳能藉由這樣的方式去發現，自己並非是一無是處的人。

能冷靜地談論性與金錢才是「真正的大人」

有工作能賺錢，對感情負起自己的責任。能做到這些的人，就是成熟的大人。那麼妳的父母親已經沒有什麼可以干涉的地方了。

在過去，金錢是父母約束子女最有效的途徑。

「也不想想是誰在賺錢養活你！」

只要說出這句話，就能讓孩子無法辯駁。不論是升學、學才藝、興趣，或是最簡單的娛樂，只要必須花到錢，所有的主導權都在父母手上，受父母的控制。

不論子女心裡有多麼地不甘心，只要沒錢就沒有辦法，既然靠父母養活自己是事實，那麼反抗父母也就不具太大的意義了。

如果長大成人後還要仰賴父母過日子，就不能不向錢低頭，也很難擺脫父母的支配。

所以女孩子無論如何都要努力，至少要具備自食其力的經濟能力。

性其實跟金錢也有類似的性質。

在父母庇護下的女兒，多半在「我們家的家規」的名義下，連戀愛都要受到約束。就算心裡覺得不滿，只要還是跟父母一起生活，就不得不配合。

女兒如果晚回家、在外過夜、週末跟男朋友約會，都要一一取得母親的許可，有必要先報備的義務。

至於擅自在外過夜的時候，到底做了什麼事，都會被加以質問，女兒就算想說謊或想矇混過去，媽媽也不可能會善罷干休。

如果提出：「我已經是大人了，拜託妳放過我吧！」的反抗，就會遭反駁：

「媽媽可是為妳擔心的呀！」

「如果遇到危險怎麼辦呢？」

「只要妳還住在家裡，就要遵守家裡的規定！」

結果還是得要向父母屈服。

本來性愛是個人最隱私的部分，即使是父母也不應該踏入的領域。對於長大後的女兒更是如此。

可是父母卻輕易地跨越這條界線，監督管理已經成人女兒的私生活，但就算是親人，也可以說是已經到侵犯隱私權的行為了。

為了跟母親劃清界限，如何在身心上、經濟上獨立，是女兒重要的課題。

只要能獨立，就會獲得自由。

不必在經濟上依賴父母，不必勉強遵從父母的想法，當然，談戀愛也不會受到干涉。

從自己的責任與判斷所建立的生活，表示不會受到毫無顧忌的干涉，隱私也不會受到侵犯。

如果「缺乏生活的能力，必須依靠父母」、「繼續受到父母約束，聽從指示」，就不能算是靠自己。

關於金錢與性，如果能排除父母親的干涉，冷靜地談論這些事，才能算是真正「獨當一面的大人」。

向一直把自己當小孩的母親訣別

都已經三十幾歲，還願意受到母親干涉的女兒，恐怕還不明白自己（應該）已經是個「獨當一面的大人」。

可能因為當事人還受到母親所施加的壓力與束縛，或是自己認為自己沒有價值吧。但實際上，長大成人而且有工作的女性，或是有意願出社會工作的女性，不可能是個沒有價值的、無能的人。

如果會覺得無能，那是因為對自己的認知錯誤，「我沒有能力」只是自己一廂情願的想法而已。

要是自己也認為自己還只是個「小孩」，母親當然也會一直把妳當小孩看待，並以她的方式來支配妳。這是一種很容易用來逃避責任的說詞，希望各位不要這麼做。

而且，如果養成不自覺被人利用的習慣，那麼不論是對外的人際關係或工作方面，都很容易照別人的話去做，或經常遭到利用。

對媽媽來說，女兒如果總是像小孩一樣，就某種意義上來說是很方便指使的。可以完全照自己的喜好管理、監督，沒有什麼比乖巧柔順的女兒更可愛了。

可是這麼一來，可以說妳並不是在過自己的人生。

「我是已成年的女性，不需要被人管」

「我能以自己的責任與價值觀來判斷」

「我可以靠自己賺錢、養活自己」

首先一定要明白自己擁有這樣的能力。這些毫無疑問是屬於自己的實力。

然後，在需要作決定時，不論答案是要或不要、接受或不接受，都要盡可能地自己來判斷。

不要受到母親的意見或觀點的支配，或是太過顧慮他人會怎麼想（當然在工作上，又稍微不太一樣）。

看到女兒自己決定、擅自行動，媽媽說不定會嚴厲斥責：

「妳到底打算怎麼樣？」

「稍微對妳好一點就自作主張呀！」

如果女兒還在讀高中，或許媽媽說的這些話還有些道理。所以妳要記得：**妳已經長大成人、出社會了，靠自己的力量生活，擁有該有的自尊。**

以一個成熟大人的姿態面對母親

如果可以將生活所需的費用，以及重要的隱私跟母親劃分開來，由自己來掌控，那麼妳遲早能解開「母親的魔咒」。

接下來，就是要有意識地改變對母親的態度。

女兒之所以會跟母親對立的原因之一，就在於女兒一直誤以為自己是「小孩」，還沒有讓媽媽從母親的角色中脫離出來。

母親因為愛女兒，如果需要扮演「媽媽的角色」，那麼不論她年紀有多大，遭到反抗覺得生氣，還是會繼續扮演這個角色。

但是這樣對母親來說還是過於辛苦的。

如果在以前的時代，女兒很早建立自己的家庭，媽媽則可以從此脫離母親的角色。可是現在變成什麼樣的情形呢？當子女長期扮演子女的角色，媽媽就無法卸下她的職務。

女兒會一直以孩子的姿態對母親有所要求。

媽媽應該要理解，也應該會接受。

如果不符合期望，女兒就會生氣、焦躁。

可是正如字面上的意思，「孩子氣」是種幼稚的態度。

「媽媽跟女兒雖然關係密切，卻是獨立的不同人格」
「母女之間價值觀不同是理所當然的」
「媽媽比較年長是人生的前輩，但也只是一名年紀比自己長的女性」

也就是說，對於小時候所抱持的母親形象——溫柔、可怕、她是衡量事物的標準，彷彿有千里眼能看穿女兒的一切——現在自己也是大人了，為了母親，也應該拋棄、要改變這些想法。

母親只是一名尋常的女性，對事物的看法不可能完全正確且周全。

從童年到長大成人前，母親具備的常識、技能應該足夠處理一般的事務。但女兒已經是大人了，也具備了各種各樣的經驗。

既然如此，只在有問題時求救、或因為得到錯誤建議就大發雷霆的女兒，這樣等於只是在向媽媽撒嬌而已。

接下來該讓媽媽從母親的角色解脫了。

如果從不同的角度來看母女關係，我們的確可以這麼想。

所謂的「獨當一面」

過去有所謂「成家立業」的說法。當然，現在應該還是有很多人有這樣的想法和觀念。

然而在這裡，**我們還想提出另一個看法：「能夠自立，養活自己就算獨當一面了」**。

到目前為止，我們已經說明為了脫離母親的羽翼獨立，工作和收入它的重要性。

「就業」和「結婚」這兩個人生課題，對從父母身邊獨立來說都是重要的階段。

首先，從學校畢業開始工作後，我們就能夠靠自己的力量生活。

接下來，就是結婚，建立自己的家庭。

男性的情況是，這兩者中「就業」相對比較重要。

工作對男性來說，是決定他生活形態的根基，若說工作決定了人生的大部分也不為過。

結婚生子確實很重要，但是與工作相較，比重顯然輕了許多。

對女性而言，或許「結婚」是比較重要的吧。

但身為現代女性，可能就無法把「就業」的比重看得太輕。

時代已經與過去不同，不能只是工作一段時間後就結婚，然後靠先生過日子。

如果要從父母身邊獨立，首先一定要能自食其力；而當有了自己的家庭，為了迴避風險，也絕對不能放棄工作（或是要保留復職的可能性）。

以前的女性是從「雙親的庇護」轉移到「丈夫的庇護」，換句話說，父親跟丈夫就像保護女性的城池，而這也是之所以女性經常被擺在他們身後的原因。

但在在現在這個時代，尋找這樣的伴侶就不太實際了。

目前的經濟狀況仍然嚴苛，大家都知道對於將來也不能太樂觀。

女性在工作上要擔任重要的角色，在家庭裡也扮演共同經營者的角色。

「我還沒有脫離父母，希望將來讓丈夫照顧我。」

有哪位男性敢選擇做這樣宣告的女性呢？

有工作，代表真正的獨立；找到人生伴侶，表示不再是「被庇護的孩子」，而是真正的「大人」。

沒有必要跟媽媽決裂

讀到這裡，我想有些讀者已經下定決心「從母親身邊獨立」了吧！

我們也非常明白，並不是全世界的母親都可以有話好好說、只要拉開距離就會冷靜下來，就算女兒不在身邊也會繼續支持她。

「我想要過自己的生活。感謝媽媽一直以來的照顧。」

如果光這麼說就能從母親身邊獨立，那就沒有什麼好煩惱的。

要在扭曲、緊張的關係中表達自己的意志，就要有激烈爭吵的心理準備。與其如此，不如若無其事地保持距離更會明智，因為之後關係要維持也比較容易。

要是互相惡言相向，說出「少囉唆，反正我要離家出走，以後不必再聯絡！」這麼尖銳的話，就算是母女，我相信也很難再恢復到原來的關係。

當父母忽然聽到女兒的獨立宣言，會既驚訝又覺憤怒，為了讓他們接受，不如說：

「沒關係，不要擔心。」

「如果有什麼問題，我會跟媽媽聯絡，拜託你們了。」

只要婉轉地對應，跟媽媽的關係應該就不至於惡化。

面對大聲怒喝的媽媽，表面上態度輕鬆地向她道歉：「嗯、嗯，就是呀，真抱歉！」實際上繼續準備自立更生。

即使妳真正獨立了，但有媽媽在的家（老家），也可以成為非常時期的避難所。要是破壞了這層關係，只會失去自己可以避難的地方，應該要儘量避免才是。

不只是跟母親之間的關係，對於各種人際關係，並非事事都要要求黑白分明。有時也可以先不做決定，沉住氣、保持灰色地帶也很重要。

如果雙方各持己見，覺得再這樣繼續下去關係會越來越緊張的話，也可以採曖昧姿態來面對僵局，保持距離，隨著時間過去讓激動的情緒冷卻下來。

不要急著將對方辯倒，或受一時情緒衝動的驅使而做出非理性的行為，總而言之應儘量避免起爭執。這是維持人際關係的祕訣。

到目前為止我們已經強調過許多次，女兒有女兒的經驗或生活知識，也學習了許多母親所沒有的技能（其中一個例子，就是如何從職場上的人際關係中抽離）。

如果從這一點來考量，女兒最好能意識到該取得主導權，進而去引導母親。

當然，由於母親比較年長，一定要讓她覺得受到尊重，避免直接表現出輕視母親的言談與行為舉止。

不過，如果覺得「這樣錯了」、「那是不可能」的話，就要保持平穩的態度，婉轉地誘導母親「我覺得這樣會更好喔」、「我比較建議這麼做」。

在社會上，我們不也需要跟年長的上司或難以相處的主管打交道嗎？面對母親，我們只要依照同樣的要領就可以了。

表面上在做讓步，但實際上是貫徹自己的主張；只要一邊捧著對方，就能做得比較順利。

像這樣高明的溝通技巧，不只可以發揮在工作場合，也希望可以運用在母親身上。

第4章

跟家人關係不好
也是媽媽造成的？

重新衡量跟媽媽之間的距離

小時候，最親近的人際關係當然是「親子」。可是離開父母獨立後，關係一定會產生變化。

對於這些狀況，雙親也不得不接受。

女兒結婚後，與養育自己的娘家相比，會更在乎自己建立的家庭。這也是理所當然的事，因為女兒也不能一直黏著娘家。

要是跟父母的關係一直很親密，就不會因為想要建立新的家庭，而出去尋覓共築家庭的對象。

當父母抱怨：「把妳養這麼大卻不知感激！」女兒也會反問：「你們為什麼不瞭解我？」從女兒出生以來已經歷了漫長的時間，大環境已不同，卻一直互相要求彼此「要好好聽我說的話！」「你才應該要聽我的！」當然沒什麼建設性。

女兒面對父母的抱怨，可以試著去理解「養育我大概很辛苦吧」、「還是不要太堅持」，最好也想想自己目前該做什麼，好好思考後再行動。

這樣說來或許有些極端，但**如果把對母親的認知從「媽媽」轉換為「鄰居歐巴桑」會如何呢**？

跟母親之間的對話，多半隱藏著強烈的感情，妳可以試著表現得更冷靜、理性。

「承蒙您的照顧！」

「上次多虧有媽媽幫了大忙！」

「這是給媽媽的謝禮，請務必收下！」

就算沒有這樣說出來，在感情上至少要做到這樣的程度。

任性的話、堅持己見地跟媽媽起衝突，請待獨立自主之後再說吧！如果媽媽向妳抱怨，也請不要太放在心上，有時可以拉開距離，不要造成感情上的糾葛。

搬出去自己住後，在環境上有段距離，應該不是什麼難事。

彼此之間互不相干涉的領域增加，各自獨立生活也會漸漸成為既定事實。

歪理很多卻不採取行動的女兒，跟愛抱怨卻不離婚的媽媽一樣

有些女兒從小就愛跟媽媽吵架，即使如此也是一直待在家沒有搬出去住。如果詢問她理由，會聽到各種解釋。例如媽媽不准、怕會遇到什麼事、一個人住很花錢、公司離家比較近……其實這些都是藉口。

要是母女關係真的很差，女兒應該什麼都不會多說，很快就離家了吧？正因為還在彼此的容忍範圍內，所以女兒沒有離家……。

這跟某些媽媽不是很像嗎？即使跟丈夫反覆激烈爭吵，卻又總是對女兒說：「我是為了妳才忍耐不離婚的！」彷彿在施恩似的。

母親沒有離婚的理由有很多，為了女兒、顧忌外界的眼光、不想讓周遭的人擔心……但也可以解釋為「沒有不滿到非離開不可的程度」。

女兒的情形也一樣，如果對家裡的不滿沒有到非獨立不可，父母也可以容許

的話，自然會留在家裡。不過如果是這樣的話，就不要一直抱怨，請默默擔起家中一份子的責任。

如果就便利性與經濟面考量來看，覺得「住在家裡比較划算，這是我的選擇」，那麼可以參考前文所提跟母親相處的方法，好好保持距離、維持良好關係。

長大成人的女兒跟媽媽，講難聽一點，其實就像**公司職員跟員工宿舍裡的歐巴桑一樣**。

女兒會給家裡多少錢，每個家庭狀況不同，但就一般的情況來說，以給家裡的錢到外面付房租大概住不起同樣的環境。

所以還是要心存感謝，表現出順從的態度，聆聽父母說的話。

宿舍的歐巴桑要負管理的責任，不能讓居住者擅自行動，這是理所當然的事。為了門禁管理，如果有人晚歸應該要先聯絡；為了避免浪費晚餐的食材，不回家吃晚飯也要先知會一聲。

我們住在宿舍裡，有時也要討人歡心，送點伴手禮之類的。要是被問到：「妳要去哪裡？」「要去做什麼？」卻回答：「這跟妳無關！」的話，會讓彼此的關係緊張，所以，妳可以客氣地說：

「嗯，我出去一下……」

「以前的朋友來我出去……我今天不會在家吃晚飯。」

這樣比較聰明（笑）。

以成熟的態度面對母親與家人，避免無謂的衝突，是不讓家裡產生風波的祕訣。也許有人會覺得這樣太過於冷淡、生疏，然而「親近的人之間也該有分寸」。

如果家裡有兄弟，女兒承受的關切是否會不同？

一個家庭裡不只有媽媽和女兒，還有爸爸、爺爺奶奶、兄弟姊妹等其它成員。

如果小孩多的話，父母的關心當然也會分散。在以前的年代，兄弟姊妹很多，母女問題就不至被放大到這種程度。但是在現代社會，就算有兄弟姊妹，人數也不多，媽媽的感情跟關注或許比較容易集中在女兒身上吧。

如果家裡有哥哥或弟弟，而且他們已經結婚有小孩了，媽媽應該就不會對女兒盯得太緊。為什麼呢？因為媽媽的興趣與關心，有相當比例會投注在兒孫身上。

母親對兒子的愛與關心，在本質上和對女兒的不太一樣。而且，大多數的母親不太會拿兒子跟女兒（兄妹、姊弟）的人生做比較。一種是以工作為重心的男性（異性），另一種是傾向於結婚比較重要的女性（同性），應該不太會拿來相提並論吧。

母親要是疼孫子，提起「妳也早點結婚」這樣的話題，妳可以開朗地回應：「是呀，是呀！」也跟著一起讚美侄兒外甥，這樣的處理、面對就可以了。

如果因為母親的愛轉移而嫉妒，那就證明自己還無法獨立。不要像小孩一樣吃醋，要感謝兄弟姊妹轉移了母親的注意焦點，繼續為獨立生活做準備。

或許女兒在家裡還要幫忙照顧姪子或外甥，那就把它當作盡家族成員的責任，保持不即不離的圓滿關係就可以了。

如果在這方面沒有處理好（譬如太過疼愛外甥等）的話，很可能會跟嫂嫂或弟妹起磨擦，所以還是要適度保持距離。

如果家裡有未婚的哥哥或弟弟，說不定他們先結婚之後，女兒也會順利離家獨立。

「姊妹」的角色很辛苦，且責任重大？

如果家裡有姊妹，很容易從小就成為媽媽或家人拿來比較的對象。

比較的範圍包括長相、個性、成績、就讀的學校、工作，甚至結婚對象的條件、生小孩的年齡等。

不論如何告訴自己不必在意這些，當事人還是無法避免地會產生競爭的心理。

可是，如果長大後能自食其力，抱持「事情就是這樣」的心態，接受彼此的差異，以自己的方式過生活，不但輕鬆也比較幸福。

一般來說，很多做姊姊的人，會因為「我是姊姊」而被要求忍耐，但同時也會因而受到壓抑。

也有些人會因為自己是長女，所以只要家裡有什麼事就一定要扛下來……背負了許多不必要的責任與痛苦。

但是根據現在的法律，家裡每個孩子的權利與責任都均等，沒有理由因為是姊姊所以就要付出更多。如果姊妹都已經長大成人，更是如此。如果缺乏這樣的認知，只會被自己訂的「應該論」所束縛，變得痛苦吧。

有些人會因為「妳是姊姊」，一直被媽媽或妹妹占便宜，如果一直是這樣，就會常把自己的事排到後面，而無法得到幸福。

有些做姊姊的人會想：「只要我忍耐就好」，但如果因此遭到身邊的人利用，自己的人生也就毀了。

如果是和妹妹相差二十歲的話則另當別論，但姊妹的年齡差距在長大之後就沒什麼意義了。只不過年長幾歲，姊姊沒必要因此一個人負起重擔。

請不要因為身為「姊姊」，就自己過度壓抑自己。對於長大之後的妹妹，也不要一直把她當小孩對待，應該要尊重她的自主性，不要過度擔心或干涉。

一直被當成小孩的「妹妹」也不好受

另一方面，做妹妹的也有難為、辛苦的地方。

出生時家裡已經有別的小孩，所以無法獨占父母的愛。小時候還會常受到姊姊管束自己的言行。

不過也因為有姊姊當範本，學習的機會很多，對於人際關係更能掌握到要領。在受到有責任感的姊姊保護、疼愛之下，都會對個性造成影響。

當然，要是姊姊像個小媽媽一樣動輒干涉，妹妹恐怕會覺得囉唆。

每個家庭的狀況都不同，如果姊姊很早就離開家，接下來所有的壓力都會集中在妹妹身上；或是雖然備受寵愛但卻不被當作大人看待，而是扮演家裡緩和氣氛的開心果，這些都令人感到疲累，也可說是一種煩惱。

總而言之，對於已經長大成人的姊妹來說，彼此在精神上都已經獨立，難道不該重新檢視各自的角色嗎？

對姊姊來說，只因為稍微年長幾歲，就要一直照顧妹妹也很累；對妹妹來說，長大以後還要活在姊姊的陰影下，也實在是受夠了。

如果媽媽還要繼續拿女兒們做比較，稍有不同就實施差別待遇，有時向姊姊抱怨妹妹、有時對妹妹發姊姊的牢騷，都會讓姊妹降低對彼此的信任。

媽媽或許是出於焦慮才這麼做，但如果因此引發衝突，只會破壞重要的手足關係。

等父母年邁過世後，就剩下姊妹倆了。如果姊妹關係不好，實在很可惜。如果彼此都把對方視為是獨立的女性，立場跟責任就應該對等。小時候或許會為父母偏心或不公平感到不快，長大以後就請別再受這些心結影響。

在某些狀況下，姊妹可結為同盟，商討如何因應媽媽的對策，這也是一種辦法。

考量獨生女的立場

獨生女所感受到的壓力，遠遠高於其他有兄弟姊妹的人。

獨生女從小就集父母的期待於一身，長大後仍受到父母的關切，等父母老了以後，只能一個人為他們的年老擔憂。

尤其媽媽會黏著女兒，「不可以把媽媽丟下不管」、「不能讓媽媽感到寂寞」

這樣的想法，也會讓女兒更難以獨立。

當然，有些母親會支持女兒「照妳自己希望的去做吧」，但還是有些女兒放不下、離不開家。

如果朝這個方向想，獨生女比有兄弟姊妹的女性更難以解除「母親的魔咒」。

可是，就像我們反覆提到過的，父母都希望子女能自力更生，並表示支持。

不管父母嘴上怎麼說，其實心底還是清楚地希望「孩子能自立」、「子女能得到幸福」。如果這些願望實現，父母就能放心，更能感受到養育子女的幸福。

「拜託妳不要離開家！」

「妳打算留下媽媽一個人嗎？」

本來是母親流著淚懇求，但過了二十年後，要是女兒沒結婚，說不定又會轉變為叱責：

「為什麼妳不結婚？」

「恐怕我這輩子沒機會看到孫子了。」

「我們家就要絕後了！」

聽到這些抱怨的獨生女，應該會感到震驚而且錯愕吧。明明是為了媽媽才心不甘情不願做出這樣的選擇。

「以前是媽媽叫我不要離開家的！」

「不對，我才沒說過這種話！」

「妳說過！」

「沒有，我哪有這樣講！妳想把錯怪到別人身上嗎？」

年邁的雙親跟已進入中年的女兒為這種事起爭執，既悲哀又無濟於事。這個時候即使後悔，時間跟青春都已經一去不返了。

獨生女離開家，也不是什麼天大的事。每個兄弟姊妹都各自成家，留下父母彼此作伴的家庭也很多。

只要父母能夠自己生活，就沒有什麼理由好猶豫該不該獨立。

也許周遭的人會問：「那妳的父母怎麼辦？」這種話聽聽就好。即使父母的健康狀況不佳，只要藉助社會福利等措施，總有辦法不必讓女兒一個人扛起所有的責任。

「女兒的幸福就是母親的幸福」。

這是養育子女的真理。**女兒獲得幸福，就是對父母最好的報答。**

關於孩子的自我主張

妳認為幼兒要長到多大，才懂得主張自己的意思呢？

有些幼兒在還不會說話的兩歲前階段，就已經懂得要求自己想穿什麼衣服。就算父母想給孩子穿男孩子氣、可愛的衣服，她自己卻喜歡有粉紅或紅色荷葉邊、女孩子氣的設計，除非可以穿上自己喜歡的衣服，否則就會表現出拒絕的樣子。

有些嬰幼兒穿衣服有特定的方式，如果對腰身的位置不滿意，也會用無聲的語言表達。

父母眼前所浮現「這孩子應該是什麼樣的小孩」的畫面，或是「我希望這孩子將來如何」的理想，不見得符合孩子自己的意願（即使是兩歲的幼兒）。

如果父母要強將自己的想法灌輸在孩子身上，就會得到「不要！」的反彈。

有些孩子在很小的時候就已經有自己的堅持，也有些孩子則要到稍微長大一點後才會有自己的主張。

父母必須要瞭解的是，子女有自己的意志、獨立的人格，不會成為父母所希望的樣子，更不要說變成父母的翻版。

關於教養，有位朋友說過的話令我印象深刻，一直到現在都還記得，那就是：

「**養育孩子就是漸漸地放手。**」

父母親都相信孩子有無限的可能，可是不論是孩子的容貌、感興趣的目標、喜歡的科目等，隨著子女漸漸萌生的自我特質，往往令父母非常驚訝這孩子竟然朝這個方向發展。

譬如母親可能很期待女兒成為鋼琴家或芭蕾舞者，但女兒不見得有這方面的興趣或天分。

假使父母的期望跟女兒的適性一致，那麼雙方都會很愉快，但事情往往不是如此。孩子就像這樣點點滴滴地戳破父母原先的幻想，這就是所謂的育兒。

換個角度來說，當孩子說：「我想要學○○」或「我將來想成為○○」，千萬不要對這些話漠不關心，或是因為自己對這些事物印象不好，一開始就抱持否定或禁止的態度，這點非常重要。

只要信賴孩子就不必擔心？

不能依照自己的主張、必須聽從母親的期望，朝自己不感興趣或不適合的領域發展，對孩子而言是非常痛苦的事。

孩子年紀小的時候會為了讓父母高興而努力，但隨著成長，自我逐漸成形，會產生強烈的反抗情緒：

「我究竟為什麼要做這樣的事？」

「我真正想要的不是這些。」

「應該要讓我去做我真正想做的事啊！」

如果不是這樣，整個人就彷彿燃燒殆盡般，毫無氣力，也可能喪失所有鬥志。

要發展個人的特質或才能，來自周遭客觀的評價很重要，同時也應該尊重本人的意願與想法。

不過，會好好聆聽自己女兒的話，觀察她的適性發展，好好地思考著「既然這個孩子說想走這條路，那我就好好支持她吧」。再怎麼說這樣的母親畢竟只是少數。

如果媽媽覺得生活安定最重要，可能會希望女兒當醫生、律師、公務員，或是在大企業任職等，選擇社會地位較高的職業，會督促她好好用功讀書。

相反地，如果媽媽認為結婚才是一切，可能會希望女兒進一般人印象中的「新娘學校」，強迫學習才藝等。

可是女兒當然也有她自己的希望和想法。

這時，如果父母決定讓步，讓孩子照自己的想法去做，就需要對子女抱持充分的信任。

——也許這孩子根本沒有好好想清楚自己的工作與未來、也許她只是想逃避現在的課業、也或許她根本沒有才能。

父母會產生這樣的疑慮很自然，但是嚴格說起來，這就表示根本不相信自己的孩子。如果對孩子的毅力跟才能有信心，應該會說「好好表現給我們看！」以表示支持。

不論發生什麼事，這孩子一定能克服。

沒問題，如果是她就辦得到。

當父母這樣想的時候，或許也就是他們第一次真正放手，開始目送著孩子背影的時刻。

反過來說，如果女兒對自己不夠有自信，就無法獲得母親的信任。女兒要是仍感到不安，媽媽就沒有理由放手。

如果真的想從母親身邊獨立，就要除去自己心裡殘留的疑慮，向母親宣告「我一個人沒問題」，讓她安心。

工作、金錢、事業、戀愛、結婚、生產等，會讓母親為女兒感到擔心的事情很多。而女兒也要非常努力才能獲得這一切，當然有時也會感到挫折。

但妳還是要對母親說：「媽媽，我一定沒問題！」才能贏得母親的信任。這不是「先有雞還是先有蛋」的問題，但為了贏得母親的信賴，首先要相信自己。

以能做到在精神上、經濟上的獨立，為自立的目標。

養育孩子是父母的選擇，也是義務

女兒獨立之後，不必再像受母親庇護時那麼聽話。只要自己能照顧自己，就算不依賴母親，也能靠自己的力量生活。

也就是說，捨棄向媽媽撒嬌或依賴的心理，在精神上跟母親處於平等的立場。

此外，只要能自立，對母親的依賴心也會改變吧。

不像以前不論做什麼事都要在旁伺機觀望，現在開始必須要負起對自己的責任、依靠自己的判斷而活。

當然，母親是重要的家人這點不會改變，但隨著工作、戀愛、結婚，人生的重心會漸漸轉移到伴侶、小孩等其他人身上。

照理來說，母親應該會感到高興吧。對於長大成人，能憑藉自己判斷來生存的女兒，母親應該會抑制自己的寂寞，慈愛地目送著女兒。

但母親如果寂寞不安，無法對女兒放手，就會對女兒加以責備：

「也不想想是誰把妳養到這麼大的？」

「妳知道我們在妳身上花了多少錢嗎？」

「妳要把目前為止花在妳身上的錢跟媽媽付出的心血，全部還來！」

比較柔順的女孩聽到這些話，或許就會裹足不前吧。

母親這時真的在要求報償嗎？如果真的是如此，女兒究竟要給媽媽多少回饋，才能作為生養自己的回報呢？

把從小到大唸書所花費的學費全部還出來就夠了嗎？還是包括從以前到現在的所有生活費？那父母老了以後還要照顧他們嗎？

不論如何，如果要償還過去花費的所有開銷，應該是筆可觀的金額。如果要回報過去的恩情，在長大後至少有數十年都不能離開父母。真的一定要做到這樣的程度嗎？

女兒並沒有拜託母親：「請妳把我生下來吧！」決定要生養小孩的是雙親。

沒有父母為了要求回報才生孩子。首先，養小孩的前提就是必須耗費金錢與勞力。這是每個父母都明白的事實。正因為孩子的存在，才促使母親成為獨當一面的大人。

也就是說，**為子女付出金錢與勞力是父母的義務。決定要付出的是父母自己，做子女的不必過於在意。**

假設今後父母在經濟上變得窮困，不要把對他們的支援或協助想成「為了報答雙親生養自己所付出的心力與開銷，與必須負擔的義務與謝禮」那麼沉重，而是以**「來自對另一個獨立家庭的援助」**這樣的思考才對。

女兒對母親最好的回報就是「獲得幸福」

父母對子女的期望不是把他們留在身邊，而是希望他們獨立，有能力獨自生活。觀察自然界的動物就會明白，沒有親代會一直不放手的。

讓自己的後代能獨立生存，是生物養育下一代的最終目的。這也是子代首先要達成的目標。

人類也是動物的一種。能夠自食其力、能力獲得周遭人肯定、擁有魅力、找到好伴侶、留下子孫，這些都符合人體基因最基本的設計。

但是人類跟動物又有不同，人具有高度知性與豐富的情感，所以會累積各種記憶與情感，這也是影響獨立的原因之一，且是讓人看不清問題的所在。

當然在現在的社會，要不要結婚或生小孩都是個人的自由，自己要選擇什麼樣的人生，其他人沒有理由提出異論。

只是從人類、也是一種生物的角度來看，父母不可能有「不希望孩子獨立」的想法。

也就是說，不論母親怎麼施展控制、企圖限制女兒的行動，或是說些過分的話讓女兒意志消沉，母親真正的意思其實還是「希望女兒能夠獨立」（或許聽起來令人難以置信）。

不論母親有沒有察覺到自己的本意，但這絕對是為人母一定會有的心情。

女兒若是被母親表面上的話所惑，躊躇著不敢獨立，有一天會終究發現：「我明明遵從母親的吩咐，一直都很乖，這樣竟然變成不孝，到底是怎麼回事？」

不論母親說了什麼，希望女兒能「自立」、然後結婚，這是父母出於本能的願望，不會有所改變。

女兒能夠獨立、獲得自由、跟所選擇的伴侶一起過著幸福的生活，是母親最強也是最本能的願望，所以這也是女兒報答母親的最好方式。

女兒追求、得到屬於自己的幸福，對母親而言，也是種無可取代的幸福。有時候父母只是被剎那的情感所矇蔽，表現出憤怒或怨嘆的樣子，如果女兒誤判情勢，將會造成無法挽回的結局。

不論媽媽怎麼說，女兒的幸福就是媽媽的幸福。

女兒越能掌握到幸福，媽媽也越能感到快樂。

請牢記這個法則，不要忘記。

女性不得不扮演符合社會期待的角色

從很久以前，人們就很重視所謂的「個人特質」。為了培養學生的特色，在學校裡須經過很多不同的嘗試。

可是隨著自己不斷的成長、養成豐富的個人特質，之後出了社會卻又未必能按照自己所想要的發揮。

社會本身還是注重整體，如果過於強調個人的個性或特色，除了少數從事設計研發的職務外，很容易跟其他人產生衝突。

大部分的人都理解這一點，依循著注重協調性的社會風氣。

這麼一來，在青春期被認為是「很有自我」，自己也曾盡可能發展出個人特質的人，在出社會後反而可能變成阻礙。

女性在這方面的傾向，比男性更為明顯。

男性的生活方式，從以前到現在沒有產生太大的變化。學生時代跟同學好好相處、用功讀書，出社會後還是一樣跟周遭的人打好關係，一邊熟悉工作內容，之後大概就是結婚、生小孩，為家庭努力工作，其實是一個很簡單的生命歷程。

不過近年來女性的生活方式又變得如何呢？

從學生時代就一直被灌輸「接下來是女性的時代」、「女性有多彩多姿的生活方式」、「要充分發揮才能」，可是一出社會，外面的世界跟以前並沒有什麼差別，大部分女性都找不到展現自我的舞台。

啊？是這樣嗎？簡直就跟媽媽記憶中的一樣，在這麼一成不變又有性別差異的環境裡，要如何一展長才？——應該很多人都感到困惑吧。

因此，在「只有女性才可以……」「正因為是女性……」的前提下，女性既要堅強、聰慧，又得同時擔當跟過去一樣的角色，負擔越來越沉重。

女性要跟男性一樣工作、賺錢，要力爭上游，也要結婚、守護家庭、生小孩、教養孩子，如果父母病倒了還要負責看護……任誰都會感到吃不消吧。

可是，認真又努力的女性們絕不會叫苦。她們明白現在所身處的社會跟母親以前那個時代已經有很大的變化，只要一度脫離戰線，就再也無法回到原來的職位。

她們越想要在自己的崗位上好好努力，就越感到自己的信念、周遭的評價，與「身為女性的幸福」互相衝突與分裂，覺得被拉扯得四分五裂，每天生活在極大的壓力下。

為了要在社會上好好生存，女性會隨著不同場合戴上不同的「面具」，藉此適應生活。

包括對一般人展現的形象，還有對朋友、戀人、養育自己的重要家人，都是如此。

讓家人成為「不用顧忌的生活夥伴」

女性總要視不同場合扮演不同角色，久了就會感到疲憊，而且要演戲也很麻煩，但就算心裡這麼想，也不能毫不加掩飾地表現出來。

在以前的年代，只要升學或出社會後，要跟過去認識的人交流機會其實不多。所以在成為大學生或社會人士後，就可以比較容易地扭轉自己的人生或個性，在新環境裡以嶄新的心情生活。

但現在透過網路流通許多資訊，如果過去跟現在的自己有明顯的差異，可能會有一些麻煩。

為了這類資訊管理，或是應對象不同掩飾起來倍加辛苦，都是以往社會的人際關係比較不會出現的問題。現在的社會溝通更複雜化，同時得消耗更多的能量。

於是，終會覺得好煩，厭倦了處處費心演戲，好想有個能放鬆的地方——。

當我們有這種感覺的時候，難道第一個想到的不是家嗎？

在外面的世界飽受摧殘、深感疲倦，這時能接納自己的所在就是家了。在家人面前，會想要捨棄刻意塑造的形象，回到原來的自己，有時也想要任性一下。

因此，會有想要擁有自己的家庭、想要結婚的念頭。

不過這樣的想法，還是有點問題。

這跟到目前為止，在母女關係方面提過多次的「妳當然要接受」、「妳應該會知道」的感覺很類似。

希望對方能接納真正的自己、希望對方能理解自己的心情，可是每個人的經驗跟價值觀不同，這樣的期待有些強人所難。

如果連對生養自己的母親都這樣了，更何況對其他家人、情人或結婚對象這樣要求，究竟又會引發多大的問題呢？

「你一定要瞭解、接受我！我們是家人不是嗎？」如果一廂情願地要求別人，對方不但很難回應，也很容易造成問題。

人際關係不論有多親密，還是要有所顧慮。

媽媽跟女兒互相直言不諱還能勉強維持關係，是因為媽媽疼愛女兒、女兒也愛媽媽。但這並不表示在其他關係上也能行得通。

如果對不熟的人或公司裡的上司也直接傾訴心裡的想法，一定會使得雙方的關係瓦解。同樣的，如果對伴侶太過依賴，舉止沒有分寸，恐怕也會讓事態演變到無法挽回的地步。

「世界上有完全瞭解我、接受我的人」只是一種幻想

如果有人能完全瞭解自己、溫暖地接納自己，那會是一件多麼幸福的事，想必也一定非常美好。但說來或許有些殘酷，妳最好不要以為世界上真的有這樣的對象存在。

如果要讓對方瞭解自己，就一定要好好溝通。而且隨著溝通內容的不同，對方會有無法理解與不明白的時候，就會漸漸感到對不滿與失望。

抱持著「希望對方能完全瞭解我、接受我」的強烈渴望，或是「你當然應該會懂」的一廂情願想法，當別人不符合自己的期待時，焦慮跟不滿就會爆發。

如果抱持這種態度，那麼不論家人之間如何溝通，都有可能會傷害彼此之間的信任。

順利溝通的技巧，**在於**「**適度的距離**」與「**為對方設想**」。

如果忘了這一點，就會不斷地引發衝突，耗盡對方原有的善意。

要是不懂得為對方設想，這種溝通能力就跟還沒有長大的小孩一樣。

已經出社會、能妥善處理工作的女性，一定懂得「就算我什麼都沒說，對方也會接納我的一切」只是一種幻想。

當然，如果遇到難過的事想發牢騷、也希望有人聆聽，那就要找自己能信賴的對象傾訴。

但是，**千萬不要心存**「**對於我的一切**，**你都要無條件地理解**、**接納**」**這樣無理的要求**。

只要掌握這種「自我約束的態度」，不論對於親近的人或工作上的人際關係，應該都可以避免很多的麻煩與誤解。

只要能獨立自主，就不會再渴望被接納

如果女兒能自食其力，把跟母親之間的關係劃分清楚，的確能減輕不滿、寂寞、痛苦等負面的情緒，對人際關係產生的陰影。

過去女兒因為會向母親尋求包容與理解，以致於發生衝突；或是需要不斷找尋能接受自己一切的對象，但現在這一切都結束了。

要靠自己達成自己的要求，要跟其他人以對等的立場做交涉。

把希望對方瞭解的事清楚地說出來，並尊重對方的意見。

自己做的決定，要自己負責去執行。

這才是成熟獨立的態度與行為。

如果只是希望受到呵護，是不會獲得幸福的。

在童話故事的結局，女主角通常會「與英俊的王子結婚，在城堡裡過著幸福快樂的生活」，但在現實生活，故事不會就這樣結束。

為了跟理想的伴侶過著幸福的生活，每天都要努力不懈、持續費心。婚後從心底感到幸福的人，並不只是運氣好，這些人一定也付出了相當努力把握幸福、維持幸福。

這跟商業上的往來，以及其他人際關係是一樣的。

就連血脈相連的母女，也都有彼此無法互相理解的時候。

所以，不要太期待對方能自發性地理解。

自己要清楚地表達自己的意見。

自己決定自己想成為的樣子，不要讓別人來決定。

如果意識到這種「自我責任」而採取行動，那種「希望能接受我」、「希望能瞭解我」的焦急渴望也會漸漸消失吧。

只要在精神上不過於依賴他人，跟情人或朋友保持適當的距離，遭到惡意被利用的風險就會大幅降低。不論工作或生活，憑自己的判斷行動就能獲得自由。

所謂成為大人就是這麼一回事。這麼一來，會比受人庇護更快樂，生活得更自在。

如果還有餘裕的話，也要勸告自己敬愛的母親，請她能再「自立」一些。把女兒當成自己存在的理由，持續扮演女兒期望的角色，只會緊緊地束縛住母親。

由於母親過去的努力，女兒終於能自立，成長為真正的大人。只要女兒還活著，「媽媽」這個職務就不會廢除；但我們可以讓她的事業規模更精簡，更縮短工時。

如果媽媽能夠把過去投注在女兒身上的能量與時間回饋給自己，說不定會有過去不曾體驗的愉快新發現，在自己的生活與生命當中遇見一些不同的人。發展新的興趣也好，閱讀也好，或是好好地跟將來共度餘生的父親建立更深厚的關係也不錯。

如果媽媽變得更自立，和爸爸處於對等的關係，這樣說不定也能讓他建立新的生活方式。

媽媽經過多方嘗試、找到樂趣以後，一定會發現原本以為女兒離家後難以填補的內心空虛，會在不知不覺當中已變得充實與豐盛。

第5章
心懷感謝的媽媽解僱之日

獻給媽媽——「謝謝您一直以來的照顧」

在前面的章節我們談到，女兒離開母親，在距離上與精神上的獨立都很重要。

我們也談到，女兒離開母親時，會感受到強烈的不安與罪惡感，這都是出自母親（為了保護女兒遠離危險）的「魔咒」。

當然，母親是女兒重要的守護者，在養育子女的過程當中，絕不會希望女兒遭遇難過或悲傷的事。為了讓孩子趨近自己「理想」中的樣子，有時候會以較嚴厲的方式教養女兒。

母親常常會以過去自己生長的時代跟年輕時的自己，來揣摩現在女兒的狀況。然而依照母親自身經驗、朝她勾勒的理想一步步前進，就能獲得幸福人生的想像，事實上恐怕會和現在這個時代脫節。

因此，在母親無法察覺時代變遷的情況下，女兒有女兒的、媽媽有媽媽的價值觀，兩者之間存在著相當大的鴻溝。

於是母親跟女兒之間產生了磨擦，相愛卻彼此傷害，造成了痛苦的關係。

可是，不論表現出來的樣子如何，母親與女兒之間的確有愛的存在。

從女兒還小，仍在襁褓中的時候開始，母親就反覆地對女兒施展各種的魔法——本來是為了女兒的幸福，不幸的是，卻變成了一種對女兒的魔咒。

正因為母親想讓女兒幸福，所以才會一次又一次地灌注這些「魔法」。

想必現在妳已經瞭解這些魔法的原理了，**為了向母親深厚的愛表達感謝，首先請向媽媽說聲「謝謝」**。

接下來，該把那些現在無法幫助妳獲得幸福的魔法，悄悄地送還給母親吧。只要記得「母親的確很愛我」的事實就可以了。

長大成人的女兒，終於可以靠自己的力量生存了。那個以前總是依偎著母親的小女孩，現在已經長大成人，必須走向外面的世界。

對女兒來說，母親的存在感越來越微小、薄弱；相形之下，女兒在外有許多經驗的累積，也終於找到能共組家庭的對象，要跟這個人一起共同生活。

對女兒來說，這不是跟母親分離，而是建立新的家庭。這是每個人一生都會發生、非常普通、理所當然的事情。

解除恐懼媽媽的心情

對於無法解除魔法的女兒來說，母親恐怕仍然是一種可怕、巨大、能控制自己人生方向、不可抗拒力量的存在。

如我們反覆在書中論述的，這是錯誤的想法。

母親的魔法，只不過是覆在臉上的一層薄膜。對已經能獨當一面，也累積許多經驗的女性來說，都能用自己的雙手除去這層薄膜。

對還沒有長大成人的女性而言，她並不清楚自己臉上有這層膜，在看不清前景的視野下，依然依靠著母親而行。

隔一層膜所見母親的指示，有時曖昧、有時不可思議，也有明顯錯誤的時候。同時會感到呼吸困難、看不清周遭景物，甚至還發現自己一個人偏離了道路。

把臉上這層讓人呼吸困難的膜取下，並沒有什麼關係。或許會因此遭受母親的責備也說不定，但即使被責備又如何？妳的視野變得更加明亮，呼吸更為順暢，也能看清周遭的事物了。

母親的話不是神諭或先知的預言，只不過是普通的、一般女性的建言。當然，她是人生的前輩，的確應該聆聽她的建議，但如果覺得母親的話束縛了自己的人生，當然也可以選擇不接受。

母親的話不是魔法，也不具有魔咒的力量。

只是不知道為什麼，會「覺得」如果不聽她的話就會發生可怕的事。其實這只是過去懵懂無知的童年記憶，造成現在這樣的錯覺。

「玩得太晚會遇到壞人喔」、「再不睡就會有鬼出來喔」——。長大以後，誰還會相信這種話？

首先，可以試著忽略不必要的建議與令人心情沉重的評論，這樣就可以漸漸減輕心理的負擔。

為了阻止女兒朝自己不喜歡的方向發展，就會說出引起罪惡感的話，這是很多母親都會運用的手段。

可是，妳不必為此感到害怕。

就算聽從這些話，也不見得會幸福，因為同時也可能造成將來母親產生怨嘆的原因。

「妳為什麼要這麼做？」

「妳自己高興就可以了嗎？」

「妳為什麼這麼任性、為所欲為！」

母親的話不見得都具先見之明，有時候也只是一時的感情衝動，想說什麼就說什麼。其實在很多狀況下都是如此（畢竟她只是個平凡的歐巴桑，所以當然會這麼做）。

受到母親這些話的束縛，就像畏懼一閃而逝的雷擊般，會一直待在原地動彈不得。

請不要受這些隨口說出的話所影響，而感到迷惘。

因為不論母親怎麼說，她都無法為女兒的人生負責。

關於「我一定要守護媽媽」的使命感

雖然過去的人生發生了許多的風浪，但媽媽還是一直保護、養育著我。我不能捨棄媽媽，我現在有能力，一定要保護她——。

也許有些女兒抱持著這樣的使命感。

我們當然應該要珍惜母親。可是重視媽媽、有時提供援助，跟女兒自立這件事並不互相衝突。

善待母親，同時女兒還是可以自立的。

如果做不到，就會被困住。

女兒不能為了守護母親，而犧牲自己的人生。為了媽媽，女兒更應該先設想如何解決自己的人生課題，不該處於舉棋不定的狀態。就算一時看起來沒有什麼問題，但最後還是會造成女兒的困擾，這也不是母親所願意樂見的。

實際上也有很極端的例子——在年邁的母親過世後，母親的老人年金停止給付，一直獨身照顧媽媽的女兒淪落到窮困潦倒的地步。如果不先為將來的生活預做準備，可能就會遇到類似這樣棘手的問題。

此外，就算女兒結婚好好建立家庭，還是有可能遇到麻煩。

我們常聽到丈夫過於偏袒婆婆（或小姑），忽略自己妻子的例子。同樣的情形也可能發生在母女身上。

女兒過於重視母親，忽略了跟丈夫之間的關係，造成丈夫的負擔、讓他覺得不愉快。由於跟媽媽感情太好而傷害了自己跟伴侶的關係，這可以說是本末倒置的結果。

如果已經找到了終身伴侶，生活就應該以與伴侶的關係為主，如果還是把已娘家當作生活重心，可能就無法好好建立新的家庭生活了。

關心母親和讓她一直參與自己的人生，是不同的兩件事。

當然，也有的人是因為媽媽身體不好又缺乏經濟能力，無法一個人生活的關係，需要女兒的照顧。

但也不能因此就要女兒放棄自己的人生，甚至破壞好不容易才新建立的家庭。

當母親強烈要求金錢資助或照顧時，如果超出自己的能力範圍之外，就應該直接向周遭發出求救訊號，和其他人商討因應對策。

不要什麼事都自己一個人扛，認為「我非做些什麼不可」。此外，**對於自己做不到的事，也要勇敢地表明「我做不到」也很重要。**

幸福的條件①「能夠愛自己」

無法肯定自己、不愛自己，或是輕視自己的人，即使不被人尊重也無所謂。這樣的人對自己或對人生態度都很輕率，會把自己搞得一團亂，像會隨意丟棄自己不喜歡的東西等等。而且就算被別人怠慢、隨便應付，也都能接受。用這樣的態度，沒有理由獲得幸福。

如果經常被他人壓榨、欺負，與其怪罪對方，不如先檢視一下自己究竟如何看待自己。

「反正像我這樣……」

「我就是不夠好……」

妳有沒有對自己抱持著這樣的心態呢？

妳的身心跟妳的人生，毫無疑問都屬於妳自己。不能隨便遭受他人利用、侵害，還甘之如飴的。

妳人生的主角是妳自己，不是別人，也不能由別人來扮演。

只有自己認同、肯定、愛惜自己，才會受到他人慎重的對待。

如果想掌握自己所期待的幸福，首先就要以此作為起點。

幸福的條件②「相信自己與他人」

如果自己能肯定自己，自然就會明白母親跟自己是截然不同的人。而且，對於家人以外的人，也同樣可以看出其中的差異。

每個人都有各自的價值觀和想法，自己跟別人不同是理所當然的事，意見有時會一致，有時會不一致。

「這個人原來是這樣」

「原來他／她有這樣的想法」

如果能像這樣，接納別人跟自己的差異性，就能減少人際相處上的磨擦。

要是不能將自己與別人劃分開來，就會排斥跟自己想法不同、與對人生態度不一樣的人。

有些人會攻擊跟自己價值觀不同的人，或是以冷淡的態度對待，這正是因為無法接受每個人價值觀不同的事實。

擴大交友圈與生活領域，多跟擁有不同價值觀的人做溝通，就能讓自己的想法變得柔軟、視野更為寬廣。

如果能接納想法不一樣的人，瞭解「原來也有人是這樣想的」，也是種寶貴的學習機會，不妨試著接受。

因此，就像我們肯定、相信自己的價值觀一樣，同樣地去肯定、信賴對方，也是件很重要的事。

別人是別人，不是自己；就像妳是自由的，對方也是自由的。

瞭解每個人都有自己的想法，就能順利地做溝通。

幸福的條件③「對周遭有所貢獻」

如果能肯定自己與別人，並擁有自己的價值觀，可以說是更接近所謂真正的大人。

能夠自立的人，必須對周遭有所貢獻。不論在工作上，或是對自己的家人、周遭的人都是如此。

就像母親溫柔地守護孩子般，我們也要為自己最重要的人設想，好好對待他們。在工作上，不只是發揮能力盡到義務，也要和周遭的人保持良好的關係，讓技術更為提升。

能對別人有貢獻、讓他人喜悅，也是件很幸福的事。也因為成為自立的大人，所以能感受到這樣的幸福。

擁有自己的家庭，養育年幼女兒的母親，為了家人和女兒總想做些什麼，也覺得自己什麼都能辦到。當母親看到女兒和家人的笑容，就感到無比幸福。

現在，該輪到長大成人的女兒來感受這種幸福了。

被需要的喜悅、愛人的喜悅，這和單方面要求、接受的童年時代完全不同。能夠自立的大人，自願為家人盡心盡力時，會感受到前所未有大大的幸福。

工作、財富、事業、婚姻——不論先發展哪一項都可以

在現在這個時代，女性為了獲得幸福，有許多目標必須達成，這也成為了一種風潮。

除了有工作能自立，還要能賺錢、發展事業，同時與理想的對象戀愛、結婚，生下可愛的孩子——。

很多女性都感受到這樣的壓力。

在媒體上經常出現像這樣全都能兼顧的女強人，如果聆聽她們所說的話，好像她們想要的東西都已經全數獲得。身為女性，這樣的幸福似乎是理所當然的。

不像自己，工作表現平平，既沒有情人，也沒有結婚的打算，不久也快過生育的年齡了，這些人究竟是怎麼辦到的……。

有些人說不定會把這些例子拿來跟自己做比較，而覺得很空虛。

不只是經常出現在媒體上的傑出女性，如果跟自己立場相同的女同事找到理想的結婚對象、轉換更好的工作，心中的嫉妒說不定都會令自己難以抑制。

可是，不論是沮喪焦慮，或是因嫉妒而煩心，都不會改變現狀。

如果在現在的狀況下，找不到工作、戀人或結婚對象，那麼自己若不跨出既有的舒適圈，到一個新的地方或換個環境，是不可能會有什麼新發展的。

最重要的是，要好好思考希望自己成為什麼樣子，並排出希望實現的優先順序。

如果工作優先就以工作為重，如果結婚優先就以結婚為目標……。可以向結婚介紹所登記、改變環境、拜託能信任的人介紹，或是憑自己的判斷行動。

千萬不要以「我全部都要同時到手、我要贏過周遭的人，藉著一次大逆轉獲得幸福」的心態，做輕率的嘗試。

特別值得一提的是，由於生育年齡有其限制，如果想生小孩但已接近年齡上限，或許該將生小孩列為最優先的項目。如果已經有對象，就應該告訴對方自己對人生的規劃，一定要討論是否要結婚；如果沒有對象，就要展開行動去找尋。

如果以結婚或生育為優先，對工作或事業的比重可能要先做安排，不過工作以後還可以再找，最好是以一件件達成為目標。

如果不知如何是好而整日惶惶不安，只會讓時間白白流失而已。

譬如到什麼時候為止要做什麼？怎樣辦到？這是自己的人生，應該為自己訂計劃，並且儘量朝著目標前進（當然也可能計劃失敗，但這就是人生）。

別人是別人，跟妳的人生沒有什麼關係。人生不是用來跟其人來做比較的，而且未來會發生什麼事，誰也不知道。

自己要好好把握屬於自己的幸福。

不要被媒體所營造的「理想母女像」所操弄

旅行與餐飲等業界最近盛行為「母女」推出套裝行程，藉此加以宣傳行銷。以「感情融洽就像朋友一樣」的理想母女形象來吸引消費族群。

當我們聽到朋友或親戚跟媽媽出去很開心，或許會覺得自己跟媽媽的關係好像沒有那麼好，這樣是不是有點奇怪？

可是母女關係只能說是「每個家庭的狀況都不同」，其實沒有標準答案。人有所謂合不合得來的問題。當然，既然有人合得來，就會有人會合不來。

並不是說只要是母女，感情就一定會很好。何況媽媽跟已經自立的女兒，不論在個性上或價值觀都是成熟的女性，不見得會特別合得來（尤其因為特別親近，所以往往不好相處）。

妳會勉強跟「個性不合」的人，一起去旅行、用餐嗎？如果合不來就合不來，維持在不失禮的狀況下相處，就已算是成熟的應對了。

母女之間的關係，其實也是如此。

跟媽媽感情很好，不論旅行或用餐都一起行動，覺得非常開心……如果真的是這樣的話，一起出門當然沒問題；但如果是在合不來的狀況下，說實話，也沒有勉強的必要。

女兒如果覺得沒有辦法陪媽媽而感到過意不去，可以招待她跟爸爸一起去旅行，作為贈禮；或是送她餐券，讓她跟朋友一起享受美食。

每個家庭都有不同的風格，也有各自適合的狀況。如果太在意廣告或媒體所塑造出的形象，只會讓自己因為跟這些形象不符而平添煩惱。

明明又不是什麼國民的義務，如果想著「我非怎樣不可……」而被一些可有可無的事所擺布，這樣不僅耗費心神，還會浪費重要的時間與金錢。

對母親來說，外孫只是「紅利」而已

對於三十幾歲的獨身女性，「要不要生小孩」這個問題造成了很大的壓力。如果無論如何都想生的話，就應該早點找到對象……不是這樣嗎？可是還有很多其他的事想做，或許生小孩的事順其自然就好，但媽媽卻急著催促的話，這些都令女兒非常苦惱。

如果能結婚生小孩，媽媽一定會很高興吧！不能讓她抱外孫，是不是沒盡到做子女的義務呢……有這種想法並深感苦惱的人想必一定非常多。

可是孩子不是為別人而生的。究竟要不要生小孩，要由自己跟伴侶決定，並且在作決定時，完全沒有必要讓他人介入。

小孩的事究竟要如何，就像工作和戀愛一樣，應該由自己（跟伴侶）決定，而且這是人生非常重大的決定。

我們或許可以想成，對母親而言，外孫**就像如果領到會覺得很開心的「紅**

利」吧。生下女兒，把她養育成人，應該已充分體會到做母親的樂趣，如果還要求要有外孫，那就太貪心了。也許這樣說有些任性，不過就這麼想吧。既然是紅利，女兒就算被催促也不必有罪惡感。

母親可能會說些煩人的話，像是「那個某某已經生了三個女兒……」等，但是生下孩子後要負責的可是女兒。

有些母親可能會說：「沒問題，媽媽會幫妳照顧！」急著催促想抱外孫，但是對於如此重大的人生課題，不能只是輕率地說聲「好，那就拜託妳了。」

就算因為沒有小孩而被數落「不孝有三，無後為大」，但這也是夫妻之間的決定，只要表現出若無其事的態度，聽聽就好。

如果媽媽總是一副悶悶不樂的樣子，那就要想辦法減少碰面的機會，好好繼續過日子吧。

要是決定不生小孩（或是目前還沒有計畫），就必須做好心理建設，不受其他人干擾、讓心情混亂。

就算不完美也無妨

人有所謂的適性。不可能各方面都完美，人所擁有的才能也有限。可是，**每天過著幸福的生活，並不需要很完美，也不需具備多項才藝**。

看看別人的人生就會明白，有些人有高所得，生活上有很好的物質享受，但也有些家庭夫妻倆都在工作，生活卻入不敷出。

這牽涉到能力、運氣，還有其他各種的條件，也可說是在民主社會不得不接受的現實。

不過，儘管如此，一個人擁有多少條件，與所獲得到的幸福不一定成正比。譬如只要有可以好好休息的地方，跟大家一起吃吃飯，與周遭的人保持良好關係，大部分的人都會覺得很幸福吧。

具備上進心、不斷努力，是件重要的事。但如果缺乏企圖心，不論在求學或工作上都不可能會有所表現。

可是，如果認真努力的理由只是因為「希望自己看起來好像很幸福」、「希望別人認為自己很有才能」，非常在意他人的看法，那就會變成不幸的開端。

這世界上有很多人，總喜歡和人相較。

「我贏了那個人，輸給那個人」。

每天這樣做比較，只會把自己弄得疲憊不堪。況且人生很難從這樣簡單的比較中分出勝負。因為在人的一生中，每個人都有各自重視的價值（瞭解這個道理，也是成為大人的條件之一）。

如果不能抱持自我肯定的態度，只因為跟他人比較而心情起伏不定的話，旁人看了說不定也會覺得難過。

收入、學歷、朋友多寡、伴侶的社會地位，到通勤時帶的是什麼牌子的包包，都可以拿來比較，但其實這樣的生活也很空虛。

如果有自信、能肯定自己，就不會過於羨慕別人。

要是自己現在很健康，生活也沒有什麼問題，其他人的狀況其實沒什麼好在意的吧？

將來會發生什麼事，誰也不知道。只要對目前所擁有的心存感謝，在不損害健康的情況下，儘量好好努力就可以了。

只要心靈獲得自由，每天都可以很快樂

先從母親身邊獲得真正的自由開始。接下來，能夠自我肯定，就能活得更像自己。

這麼一來，已經沒有什麼可束縛妳的了。

和受到母親支配、沒有長大的自己告別吧。接下來，妳要取得自己人生的主導權。

請捨棄與他人比較、忌妒、羨慕的心情。

忌妒或羨慕只要開始就會無休止境地繼續下去，而且這種感情非常消耗能

量，並且令人痛苦。

當妳以銳利的眼光觀察別人，在心裡評判勝負時，別人自然會有所察覺。

要是發現自己與別人有所不同，究竟應該怎麼辦呢？

所謂心靈上的自由，也就是不在意別人的看法。

「別人會怎麼看待我？」

「別人會怎麼想？」

如果因為太在意這些事，而不敢做自己想做的事、不敢做出自己想要的選擇，都將是妳人生的損失。

別人不需要為妳的人生負責，即使是妳的母親也一樣。

價值觀是因人而異的東西，跟別人不同是理所當然的事。

請不要受別人的意見所左右，憑自己的意志做自己想做的事。妳一定能辦得到！

要憑自己的意志過自己想要的生活。

對於生在現代的人來說，這是再普通不過，也是很理所當然的權益。

在高齡化時代，還有很多機會可以孝順父母

根據二〇一三年日本厚生勞動省（相當於台灣的衛生福利部＋勞動部）發布的資料，日本女性的平均壽命大約是八六．四一歲。從這個數據來看，如果三十幾歲女性的母親現在很硬朗，之後還是很會健康地活著的可能性很高。

雖然有「子欲養而親不在」這樣的說法，但是在現在這個時代，應該多少還有些時間。

換一種說法，也就是父母將來的日子還很長。

如果能不緊抓著孩子不放，好好享受自己的人生會更有益。

最近有不少老年人看起來健康、年輕，又很有活力。雖然已經過了六十歲，但是看起來還是很美，完全看不出來已經是祖母級的人了。

好好讓自己的母親，也漸漸能像她們一樣吧。

如果老人家總是為孩子的事煩憂、一直擔心兒孫的事，只會變得衰老。身為女兒，就該好好做一個讓媽媽健康長壽、能自立生活的後盾。

如果母親跟女兒分開，原本投注在女兒身上的能量，就有機會轉移到自己跟其他人身上。如果能找到自我生活的意義與樂趣，母親就能保有身心年輕吧。

踏出平日生活圈，往更遠的地方走，會發現新蓋的大型購物商場，看到很多有趣的商店。

咖啡館、圖書館、電影院、展演空間……當母親忙著養育孩子時，沒時間去的地方應該很多。

在這些設施當中，有很多都是專為女性而設立，可以讓各年齡層的女性樂在其中。

如果媽媽跟朋友一起去，應該會覺得很愉快。已獨立的女兒可以跟媽媽分享資訊，有時候給她一點零用錢，讓她和朋友過得愉快。

在孩子獨立後，媽媽每天都能過得開心、女兒也能建立自己的生活，藉由達成向媽媽「報恩」的要素——有安定的工作，或是跟理想的伴侶戀愛、結婚，接著外孫誕生等——一點點累積幸福。

自由會創造魅力，帶來更多邂逅的機會

當妳找回自己與生俱來的魅力，自然會開始綻放出光芒。過去的妳就像被塞入狹小的框架，只能從狹窄的窗戶往外望，現在的妳終於能憑藉著自己的腳步、自己的意志來溝通。

「媽媽為什麼會這麼說」
「別人會怎麼想」
「這樣真的就可以嗎」

過去的妳一直這樣戰戰兢兢地朝外看，從前認識妳的人現在可能會訝異「原

來妳是這樣的人」。

想做的事情就去做，想去的地方就試著出發。

說不定這麼一來，就會遇到以前沒有機會認識的人。

妳到底想穿什麼樣的衣服呢？

妳其實想去哪些地方呢？

妳真正想要什麼樣的選擇啊？

請按照自己的想法來決定、選擇這些日常生活的細節，並養成習慣。

如果能重拾自由，對於過去那麼辛苦、處處受限的自己，應該會覺得不可思議吧，這證明了妳的人生的確有所進步。

穿上婚紗遞給媽媽「感謝狀」

在結婚典禮的尾聲，有一幕是向媽媽獻花，這也是婚禮的高潮之一。這個儀式不僅是向父母表達感謝，同時也象徵著「離開媽媽保護的出發」，也是個告別的儀式。

如果在不久的將來，妳有機會穿上婚紗，這時請向媽媽遞上感謝狀。**這份感謝狀，也是給媽媽的「解僱通知」**。

謝謝您一直以來的照顧。再見了！

這不是在向母親道別，而是揮別從小以來一直守護女兒、身為母親的這個「角色」。

您的女兒已經長大，在您的照顧下，終於結婚，建立屬於自己的新家庭。現在能獨當一面，就算沒有媽媽保護，自己也能好好過日子。

媽媽，您的職責終於結束了，長久以來真的辛苦您了——。

當然，母親一輩子都是女兒的母親，但是身為「媽媽」，大部分時間都在保護、照顧女兒的這一部分，終於可以卸下責任結束了。

母親跟女兒同樣都是成熟的女性，可以形成有時彼此對等，有時女兒走在前面這樣的關係。

女兒已經長大成人、找到伴侶，看在母親眼裡應該會是充滿驕傲的一件事。這時她一定終於能放下心來，打從心裡認為養育女兒真是太好了。

母親也要讀的「後記」

瞭解價值觀的多元化

母親為了讓女兒的人生走得更加順遂，會給予建議；為了保護她，所以訂下許多規矩。女兒對於母親的建議抱持疑問，但還是會遵從，而讓自己的行動受到了限制。

可惜的是，母親為了保護女兒而宣告的這些價值觀，隨著時代變遷與當事人意識上的變化而形成了落差，女兒聽從母親的話反而讓自己生活得不自由，也變得不像自己，這些都讓人感到痛苦。

另一方面，當母親過去還是女兒時，情況又如何呢？即使遵從父母的教誨，行動受到嚴格控制，但有沒有像自己的女兒這麼辛苦呢？

每個家庭的狀況都不同，受到的教育也不一樣，但是當媽媽還沒有結婚時，跟外公外婆那一輩的價值觀應該沒有太大的差異。

目前年約三十幾歲的女性，為了獲得自己所追求的東西，不能像母親那個世代一樣，採取「等待」的守勢。

等待被企業錄取，等待被男性看上，只要保持優雅的微笑，就會被稱讚是「很賢淑的小姐」，周遭的人都會幫忙做這個做那個。但現在的社會和環境已經不一樣了。

現代的女性為了爭取職場上的職務要奮鬥，為了獲得戀人也要奮鬥，只是想找個條件稍微好一點的結婚對象也必須要很努力。

自由競爭市場很殘酷，不容許一絲一毫的鬆懈。只要稍不留神，別人就會奪走妳手裡的東西——不論是工作成果、理想的情人，有時甚至包括原本誓言要相守一生的配偶。

可是，即使競爭這麼激烈，三十幾歲的女性也不願表現出受到煎熬的樣子。如果表現出具有攻擊性、激進的一面，就會被認為缺乏女人味。為了受周遭的人喜愛、能被接納，所以一定要一直保持開朗、可愛、年輕、溫柔的樣子。光是想像就知道每天有多累。

待在家裡受到保護的媽媽，完全不曉得自己的女兒究竟在什麼樣的環境中奮鬥。

不要束縛女兒，請讓她自由

這些三十幾歲的女性，都已經奮鬥得很疲累了。

但是為了生存下去，不能停下腳步，要因應不同場合扮演被期待的角色。即使如此，偶爾會在母親面前稍稍鬆懈，露出氣力殆盡的神情也說不定。

在此，我們對母親們有個請求，不要對這樣的女兒再加以鞭策了。

為什麼工作要這麼辛苦？為什麼一直結不了婚？

請別用這類問題，追問已經疲累不堪的女兒。

同時，也請不要以「不行」、「不可能」、「不准」、「不允許」等等這樣的話語來束縛女兒。

特別是對於已經長大成人的女兒來說，母親能給的建議其實不多。所以無需沮喪，只要積極地去理解女兒所處時代的價值觀、氛圍，好好地守護她。

控制女兒的言行，用母親自己的價值觀限制她的行動，只會逼得她無法暫離戰線，整日繃緊神經，承受極大壓力不得鬆懈。

善良的女兒即使明知道這樣的痛苦，可能還是會聽媽媽的話。

或者當受到母親源源不絕的壓力而自暴自棄，或「那就完全聽妳的話好了！」而放棄一切，無條件接受母親的命令。

可是，這麼一來，母女兩人就會形成膠囊般的封閉關係，在時代浪潮的沖擊下，不曉得會淪落到多麼邊緣的角落。

妳的女兒不會有問題

「為什麼我家的女兒結不了婚？」

「一定是我管教不當，是我的教育方式出了問題……」

有些母親可能會這麼想而覺得沮喪，但這是錯誤的。

已經長大成人的女兒，可以憑自己的思考、自己的力量過生活。而且她也很清楚應該要為自己的人生負責。

然而，母親可能會比她先離開人世，無法為她的人生負責。所以，還是不要多給意見；或者說，不給意見也沒有關係。

在一般的情況下，母親沒有辦法照顧女兒到最後。不論妳覺得有多遺憾，但這就是生物既定的命運。

如果覺得「不能一直看著她會擔心」、「如果我不在她怎樣辦……」或許可以說這是不信任女兒的證據（聽來似乎很嚴格）。

媽媽妳的女兒不會有問題。雖然她比母親過了更久的獨居生活，對工作付出了很大的心力，但她一定也是用她自己的方式在思考她的人生。

母親可以讓已經長大的女兒為自己的人生負責，好好地過自己的人生。

當然，接下來她的人生會有起有落。但這都是她自己必須去思考、解決的問題。

價值觀是因人而異，人生是屬於每個人自己的。

如果能理解這一點，彼此接納，溫暖地互相守望，一定能建立美好的母女關係。

願天下的女兒與母親，都能為各自的幸福人生奮鬥不懈。

五百田達成
櫻場江利子

附錄❶試著畫出屬於自己的人生圖表

請回顧自己目前為止的人生經歷，試著把覺得有意義或幸福的時刻記下來。藉此冷靜地整理、思考自己發生的重要事件。

案例A（28歲）的人生圖表

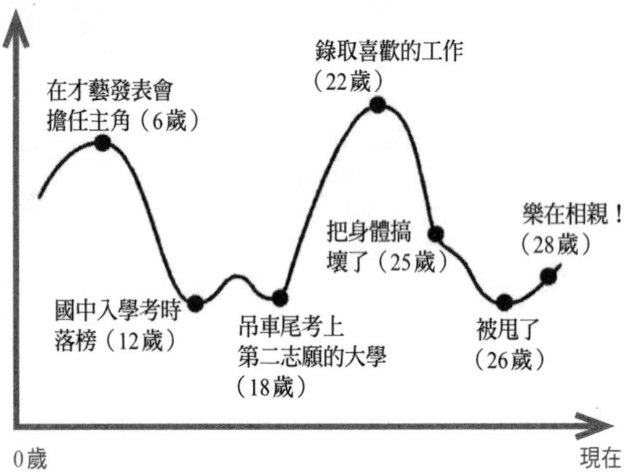

案例B（32歲）的人生圖表

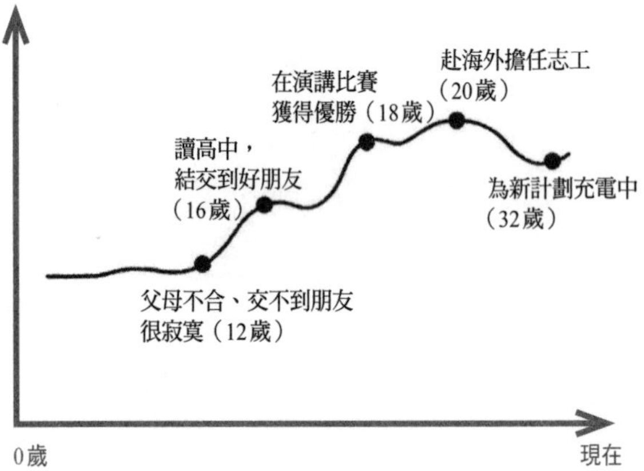

妳的人生圖表

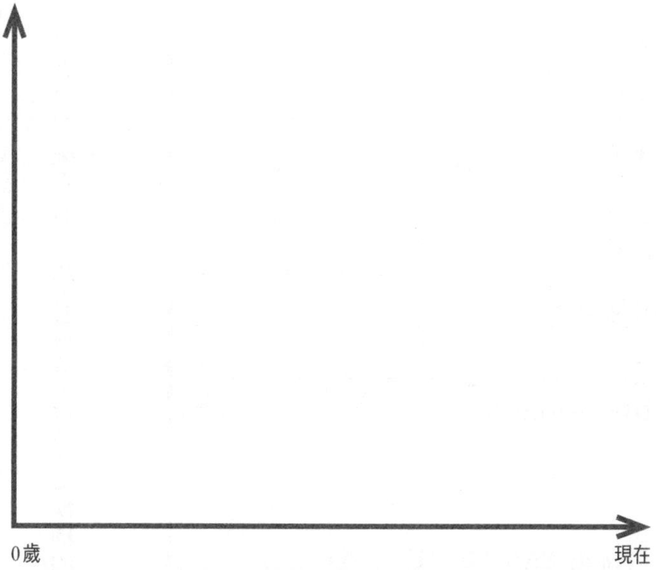

附錄❷我是什麼樣的人？

妳覺得自己是什麼樣的人？試著寫出來看看。藉著書寫，可以把模糊的自我印象具體整理出來。

自我描述

《出生年月日》

《學歷》

《經歷》

《容貌》

《個性（優點、缺點）》

《原生家庭的成員》

《跟原生家庭家人之間的關係》

《自豪的事》

《自卑的事》

《人生觀》

《口頭禪》

《對將來的展望》

《其他》

《從自身觀點對自己的描述》

❶

❷

❸

《十年後希望自己是什麼樣子？》

❶

❷

❸

附錄❸媽媽是什麼樣的人？

妳覺得媽媽是什麼樣的人？試著寫出來看看。藉著書寫，可清楚看出原本覺得陌生的母親形象。

※如果有些項目不太清楚，建議可以趁此機會詢問她看看。

母親的描述

《出生月日》

《學歷》

《職歷》

《容貌》

《個性（優點、缺點）》

《原生家庭的成員》

《跟原生家庭家人之間的關係》

《結婚幾年》

《跟配偶之間的關係》

《有幾個小孩》

《跟孩子的關係》

《得意的事》

《自卑的事》

《人生觀》

《口頭禪》

《對將來的展望》

《其他》

《以自身觀點對母親的描述》

❶

❷

❸

人生顧問 196
媽媽的解僱通知
結婚できないのはママのせい？——娘と母の幸福論

作者——五百田達成、櫻場江利子
譯者——嚴可婷
主編——林芳如
編輯——謝翠鈺
企劃——林倩聿
封面設計——鄭宇斌
版式設計——蔡南昇
董事長——趙政岷
總經理——趙政岷
總編輯——余宜芳
出版者——時報文化出版企業股份有限公司
10803台北市和平西路三段二四〇號四樓
發行專線——（〇二）二三〇六六八四二
讀者服務專線——〇八〇〇二三一七〇五
（〇二）二三〇四七一〇三
讀者服務傳真——（〇二）二三〇四六八五八
郵撥——一九三四四七二四時報文化出版公司
信箱——臺北郵政七九～九九信箱
時報悅讀網——http://www.readingtimes.com.tw
法律顧問——理律法律事務所　陳長文律師、李念祖律師
印刷——勁達印刷有限公司
初版一刷——二〇一四年六月二十日
定價——新台幣二八〇元
行政院新聞局局版北市業字第八〇號

國家圖書館出版品預行編目資料

媽媽的解僱通知/ 五百田達成, 櫻場江利子著; 嚴可婷譯.
-- 初版. -- 臺北市: 時報文化, 2014.06
面; 公分. -- (人生顧問; 196)
譯自: 結婚できないのはママのせい？——娘と母の幸福論

ISBN 978-957-13-5963-2(平裝)

1. 母親　2. 親子關係

544.141　　103008260

KEKKONDEKINAI NOWA MAMA NO SEI? MUSUME TO HAHA NO KOUFUKURON

ISBN 978-957-13-5963-2
Printed in Taiwan